弘行 編著
”塾 著

小学校国語「話すこと・聞くこと」の授業技術大全

明治図書

序章

すべての子どもに「話す・聞く」力を育むために

桃山学院教育大学　二瓶弘行

話す・聞く力は、話し、聞くことによってのみ獲得される

ある物語の研究授業。

参観教師が思わずうなずくような意見が出される、話し合い。

改めてこの授業を振り返ってみます。クラスには、35人の子どもたちがいます。しかし、一見活発なこの「話し合い」の間、半数の子どもたちは、ひと言も自分の読みを話していませんでした。いえ、半数どころではなく、三分の二の子どもが、音声言語で自らの意見を表出していません。それでも、話し合いの学習活動は表面的には十分に成立します。鋭い読みが出され、黒板は多様な読みで埋まり、美しく授業は流れます。

子どもは、実際に自分の音声言語で表現する過程で、自分の意見・読みを確かなものにしていきます。大人でもそうです。心の中の漠然とした思いが、表現する過程でだんだん

と明確になります。話すこと、だれかに思いを伝えるために言葉を選びながら、言い直しながら、話すこと、それ自体に大きな意義があります。

ところが、「美しい話し合いの授業」は、その重要な学習活動をクラスのすべての子どもたちに保障していません。35人のうち、20人以上に保障していないのです。

以前、国語授業の「話し合い」に関わる、次のような言を聞いたことがあります。

「発言しない子でも、聞くことによって確かに話し合いに参加している」

ひどい「逃げ口上」だと、今は思います。

話す力は、話すこと、それ自体によって獲得されるのです。

他の教科の学習活動に置き換えて考えてみましょう。水泳の苦手な子が、プールサイドで仲間の上手な泳ぎをいくら見学しても、泳げるようにはなりません。水の中に入って、水を飲みながらもがく体験を通して泳ぎを覚えます。リコーダーは、実際に吹くことによってしか吹けるようになりません。未熟ながらも音を出し、なんか変な音だなと吹き直してみる、そんな試行錯誤の過程で技術を獲得します。泳がないで、吹かないで、決してその力はつきません。同様に、話さないで、話す力は決してつかないのです。

話し合うとは、仲間たちと「自分」を伝え合うこと

教師に指名されたある子が、黒板の前に立っている教師に向かって、自分の読みを一生

懸命に話しています。教師もまた、その子の目を見ながら、何を言おうとしているのか、その発言の内容を聞き取ろうと懸命です。その子の話が終わると、教師は簡単に話の要点を整理します。そして、必要に応じて黒板に書きます。その後、また全員に挙手を促し、その中から次の子を指名し、同様のことを繰り返します。

よく見る、典型的な「話し合い」の場面です。

発言しているその子は、いったいだれに向かって自分の読みを話そうとしているのでしょう。それは、教師です。前に立ってしっかりと聞こうとしてくれている教師に自分の読みを伝えようと、言葉を選び、わかってもらおうと懸命に話をしているのです。

その子の目を見れば、それはわかります。だれかに何かを伝えようとするとき、子どもは（人は）、目にその思いを表します。聞いてほしい、わかってほしいという強い意志を、目に込めます。

話したくもないのに、指名されて仕方なしに話している子の目力は弱いものです。その子は、聞いてくれる相手が存在せず、まるで独り言を言っているかのように、視線を下に落としながら話します。そこに、だれかに自分の考えを聞いてもらいたいという相手意識はほとんどありません。

この「目力」は、話を聞く子どもたちにも同様のことが言えます。

仲間が懸命に自分の読みを話しているときに、聞いている子どもたちはどこに視線を向けているでしょうか。本当に、その話し手の考えを聞きたいと強く思うとき、子どもは（人は）、その話し手に自然に目を向けます。耳だけではなく、目で聞こうとします。けれども、先の学習場面において、発言する子に視線を意識して向けるのは、教師一人です。教師だけが耳と目で聞き取ろうと必死。だからこそ、その子は教師のみに目を向けて話すのです。そのとき、他の子どもたちの多くは、教師を見ています。仲間の発言に対して教師がどのような反応をするかを見ているのです。また、ある子は黒板を見ています。教師が要領よくまとめてくれた板書を見ているのです。また、ある子はその板書をノートに書き写しています。

そんな中、指名された子どもが教師に話し続けているのです。その姿が懸命であればあるほど、虚しく、寂しい。

国語教室において「仲間との読みの交流・話し合い」には大きな意義があります。ただし、そこにどうしても必要なのが、子ども自身の相手意識であり、仲間の存在の認識です。

「自分は、こう読んだ。仲間のあの子は自分と同じ読みをしているのだろうか。あの子はどうだろう。きっと違う読みをしていることだろう。自分の読みを仲間たちに伝えたい。そして、仲間の一人ひとりの読みを聞きたい」

クラスすべての子どもたちが、このような思いで話し合いに臨むとき、はじめて「仲間との読みの交流」が成立するのです。

もくじ

第2章 話し合う【低学年】

尋ねたり応答したりするなどして、少人数で話し合う活動

第3章 話す・聞く①【中学年】

説明や報告など調べたことを話したり、それらを聞いたりする活動

第4章 話す・聞く②【中学年】

質問するなどして情報を集めたり、それらを発表したりする活動

第7章 話す・聞く②【高学年】

インタビューなどをして必要な情報を集めたり、それらを発表したりする活動

第8章　話し合う【高学年】
それぞれの立場から考えを伝えるなどして話し合う活動

第1章　話す・聞く【低学年】

紹介や説明、報告など伝えたいことを話したり、
それらを聞いて声に出して確かめたり感想を述べたりする活動

話し、聞き合える教室をつくる

話し、聞き合える教室づくり

「話すこと・聞くこと」の授業の前提として、話し、聞き合える教室づくりがあります。同じ授業をしても、話し、聞き合える学級とそうでない学級では、学習効果はまるで違います。特に、低学年ではその違いが顕著です。教師は、授業技術を追いかけるだけでなく、話し、聞き合える教室をつくる必要があります。つまり、話すこと・聞くことの力を効果的に高めていくために、話し、聞き合える教室を意図的に育てていくことが大切です。

①子どもたちの発言や行為を否定的に捉えない

だれの意見や発言でも、一つひとつに価値や意味があることを学級全員が感じていることが大切です。そのためには、一貫して教師が子どもたちの発言や行為を肯定的に受け止め、反応や扱いに軽重をつけないように意識することが大切です。

C　私は、…のように考えました。
（趣旨と離れた発言に、「これでよいのかな」という変な空気が漂い始める）
T　なるほど、そう考えたんだね。○○のところは、どうしてそう考えたのかな？
（趣旨と離れた発言に対して、パスを受け取るだけでは、「間違えた」「違うことを言った」という空気になるので、会話のもう1パスを子どもに出す）

②「他には？」を言わない

教師の意に沿わない発言がされると、意に沿う発言が出るまで「他には？」と問い続ける場面があります。その場面で発言できる子どもは、あまり物事を気にしない子どもか、学力の高い子どもに限定されます。このように、発言できる子どもが限定されるのは、授業でよく目にする場面です。発言者に上下関係をつくり、結果として発言自体を少なくしてしまうことになります。

③過度な反応をしない

教師の意に沿う発言がされると、「いいね！」「すごいね！」と過度に称賛しがちです。よかれと思ってしていても、これも発言者に上下関係をつくり、結果として発言自体を少なくすることにつながります。教師による過度な反応は必要ありません。子どもを含めた自然体の反応だけで十分です。

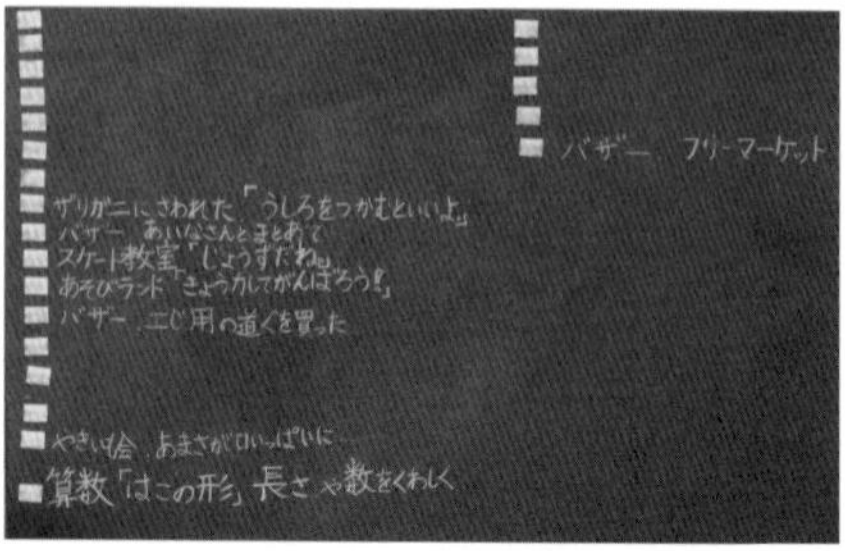

④一人ひとりの発表を大切にする

一人ひとりが全体の前で発表する「話す場」があります。教師は、漫然と聞くのではなく、黒板に発表者の題名や内容などを書くようにします。そして、よかったところを伝えたり話せたことを認めたりすることを心がけます。教師が一人ひとりの発表を大切にしているかどうかは、子どもたちが一番敏感に感じ取ります。それは、発表することへの意欲にも直結します。

「話す力」よりも前に、「聞く力」を育てることに着手する

「聞く力」を育む授業技術

「話し、聞き合える教室」が少しずつ育ってきたら、聞く力を継続的に育てていくタイミングになります。聞く力の育成は、話す力よりも早く着手する必要があります。話す力を育てるためには、ある程度聞く力が高まっている必要があるからです。また、今の子どもたちは、集中して聞く力が弱いと言われています。様々なメディアが氾濫し、情報量の多い環境にあるからかもしれません。学級経営がうまくいかないのも、聞く力が育っていないことが原因である場合があります。低学年の学級だからこそ、聞く力を育てて学級経営を軌道に乗せていきたいものです。

①スローガンやフレーズを生かす

聞き方のきまりについてのスローガンやフレーズを生かしましょう。キャッチーなスローガンやフレーズは、学級経営にもプラスに働きます。無理せずゆるやかに授業の中で取り上げていくとよいでしょう。

「あいうえお」で聞こう

あいてを見て
いいしせいで（いっしょうけんめい）
うなずきながら
えがおで
おわりまでしっかりと

めざす聞き手のすがた

目できくつもりの「目」
ひとこともききもらさない「耳」
なるほど、うん、そうかと
うなずきながらきく「首」
話し手をたすけながらきく「心」

②よい聞き手を見つけ、ほめる

低学年は、よい態度や姿勢を示している子どもをほめることによって、全体の態度や姿勢の底上げをすることが大切であり、有効です。また、教師は発言している子どもから対角線上で距離をできるだけ取り、まわりの子どもの様子を捉えることも大切です。そうでなければ、しっかりと聞いている子どもを見つけることができないからです。

T　○○さんは、○○さんの方を見て話をしっかりと聞いていましたね。先生はその姿をばっちり見ていましたよ。おかげでお話がよくわかったでしょう。

③全校朝会を利用する

全校朝会も、聞く力を育てる、またとない機会です。感染症対策のために、リモートや放送での朝会を行っている学校も多いと思います。全校児童が集合して体育館等で校長先生の講話を聞くというスタイルももちろん聞く力を育てる場となります。しかし、リモートや放送での朝会であれば、教室で全校朝会を受けられるという点からひと手間を加え、聞く力をさらに育てることができます。

校長の講話等を聞きながら箇条書きで板書し、キーワードは空欄にします。そして、講話等が終わった後に、キーワードの空欄を、挙手・指名しつつ、全体で確認しながら埋めていきます。

聞く力を高めるだけではなく、校長の講話等を繰り返し確認することで、講話の内容を押さえることができます。学級で聞くことの利点と言えます。

④教師が最大のよい聞き手になる

教師が最大のよい聞き手になることで、子ども一人ひとりにとって安心して考えや意見を話すことができる環境になります。うなずき、あいづち、表情を丁寧に織り込んで、子どもの話を聞くようにしましょう。

教師がよい例を示し続けることによって、クラス全体の話の聞き方も変容していくはずです。

⑤指を折りながら聞かせる

指を折りながら話を聞かせる機会を定期的に設けましょう。指を折る＝ナンバリングになります。低学年なりに話の全体をナンバリングして聞くことができるようになります。一度きりではなく、継続して行うことが力を伸ばすことにつながります。

T　今から先生が、ある物語を読んで聞かせます。登場人物が何人出てきたか、指を折りながら物語を聞きましょう。

⑥メモを取りながら聞かせる

メモを取りながら話を聞く機会は、学校生活の中で頻繁にあります。体験学習や見学学習、総合的な学習の時間やインタビュー場面など、後の学習に活用するためにメモを取る機会は小学校では多くあります。上の学年になって急に体験させるのではなく、低学年のうちからメモを取りながら聞く機会を授業に設けるようにします。

まず、「メモは必要最小限の事柄を書き留めるもの」であることを伝えます。

T　メモをしながらお話を聞くとき、メモにはどんなことを書くと思いますか？
C　大事なことだと思います。
C　必要なことです。
T　そうですね。お話ししたことをまるまる全部書いていると、次のお話が始まって大変なことになります。だから、メモは大事なところだけを短い言葉で書いて、次のお話に間に合うようにします。今から先生がお話しします。全部メモしてはダメですよ。大事なところだけ短い言葉でメモしましょう。

メモの取り方の学習は、中学年で本格的に行います。その準備段階として、低学年では、自分が大切だと思ったことを記録することを重点に授業に取り入れていくとよいでしょう。また、翌日の持ち物の連絡を文字化せず、音声だけで伝える場を設けてみてもよいでしょう（全員の書いたメモを確認できる時間的な余裕がある場合に限ります）。

⑦読み聞かせを国語学習の柱にする

絵本の読み聞かせを国語の学習の柱にして年間の指導を進めていきます。時間が余ったときや、単元のすきまなど、読み聞かせができる時間が生まれたら、すぐに取り組めるよういつでも準備をしておきます。

読み聞かせ後に、感想を聞いたり、意見を聞いたりしてもよいでしょう。少し騒がしいときには、小さい声で読むことも大切です。行間がある作品の場合は、国語的な質問を挟みながら読み聞かせることも必要です。物語の世界に浸らせたい場合は、質問や感想を聞くことをせず、読み聞かせをしてそのまま終わってみてもよいでしょう。

このように、教師の求める意図によっても、形を変えることができるため、読み聞かせは聞く力を育てるために大変有効です。

■主な関連教材
・２年「あったらいいな，こんなもの」(光村図書)

計画的に「話す力」を育てる

「話す力」を育む授業技術

「話すこと・聞くこと」のメインの力であり、育成に大変時間のかかる力です。各々の置かれている環境や能力に密接に影響しており、一生をかけて育んでいく力でもあります。そして、人生設計に大いに反映される重要なスキルでもあります。学級で育てることのできる話す力はそんなに多くはないかもしれません。話す力は生活経験に直結しているからです。とはいえ、無計画に「話す力」を育てていこうとするのはよくありません。話す力育成のキーワードは、「資質向上の自覚」と「継続性」です。

①朝の会で高める

朝の会で日直がスピーチをする取組をしている学級も多いと思います。様々なプラス面があるため、いつまでも継続され続けていく取組なのだろうと思います。しかし、見方を変えると「マンネリ化する」「個人に負担がかかり過ぎる」といったマイナス面があることも事実です。

そこで、スピーチに加えて「日直の朗読」をおすすめします。前日に教師が翌日の日直の子どものことを考え、読む力を念頭に置きながら図書室の本を選びます。そして、日直は教師の選んだ本を朝の会で読み聞かせします。声に出して物語を読むというだけではなく、その本を読むまでの過程で様々な関わりが生まれます。ただ、時間がかかり手間が増えるため、条件がクリアできる場合に取り組むとよいでしょう。

T　今日○○さんが読むお話はこれです。みんなで題名をどうぞ。
C　『ぐりとぐら』
T　では、○○さん、お話をみんなに読んであげてください。
C　（朗読）
　感想はありませんか？

C　保育園のときも読んだことがあります。ぐりとぐらはとても仲がよいと思います。
C　ぐりとぐらが大好きです。何回も読んでいます。

②健康観察の機会を生かす

朝の会等で、健康観察に継続して取り組んでいる学級も多いと思います。「○○さん」「はい、元気です」のやりとりだけではもったいないので、ひと手間加えて話す力を育てる機会にしていきましょう。

T　今日の健康観察のお題は「好きな色」です。
（少し時間をおいて）
T　○○さん。
C　はい、元気です。ぼくの好きな色は緑です。わけは、森や木が好きだからです。
T　森の緑色は先生も好きだなぁ。次、○○さん。
C　はい、少し鼻水が出ます。私の好きな色はピンクです。わけは、かわいいからです。
…

継続して取り組み、話し方や話す内容に向上しているところが感じられたら、大いに認めるようにします。

③友だちの書いた文章を読ませる

友だちの考えや意見を書いたノートや作文を、意図的に声に出して読ませるようにしましょう。子どもが声に出して読む文章は、自分の書いた文章、先生の書いた文章、教科書の3つに限定されてしまう場合が多いですが、第四の文章として、友だちの書いた文章を読むことを授業に盛り込んでいきます。そのことによって、学習や友だちの理解が進み、関わりたいという思いにつながります。友だちと話したいという感情は、結果として話す力の向上につながっていくと考えます。継続して、読み方や書き方に成長が感じられたら大いに認めるようにします。

④質問することを奨励する

授業中の質問を奨励しましょう。友だちの思考をさえぎるような自分勝手な質問を除き、まわりの思考を広げる質問や学びを深める質問は受け入れていきましょう。1人の純粋な疑問は、複数の子どもが疑問として抱いていることが多いものです。

1 質問をしたことをほめる
2 全体に質問内容を返す
3 全体から出された発言内容をまとめる
4 質問した子どもに返す

⑤質問ゲームを取り入れる

質問そのものがゲームになる「質問ゲーム」を授業に取り入れます。ゲームを楽しみながら質問する力、話す力が高まります。一過性ではなく、何度となく取り組む「継続性」が大切です。

1　ペアになる
2　お題を出す（例えば「動物」）
3　一方の子どもが動物の種類を思い浮かべる
4　質問側の子どもが相手の思い描いた動物に近づく質問を考え、聞いていく
「その動物は大きいですか、小さいですか？」
5　時間が経ったら「せーの」で同時に動物を言う

この活動についても、質問の内容ややりとりに成長が感じられたら、大いにほめ、認めていきます。

⑥具体物や絵・写真を使うと伝わりやすいことを感じさせる

話の内容を、よりしっかりと相手に伝えるためには、具体物や絵・写真を活用するとよいことを体感させましょう。単元の学習と絡めて指導すると、無理なく進めることができます。

次ページは、2年「あったらいいな、こんなもの」（全8時間）の指導計画例です。

次	時	目標	学習活動
第一次	1・2	・単元全体の内容を確かめ、学習の見通しをもつ。	**・「あったらいいな、こんなもの」教師版を紹介する。（学習のゴールの提示）** ・こんなものがあったらいいなと思うものを考え、絵に表す。
第二次	3・4	・質問の内容を捉えることができる。	・友だちが考えたものを詳しくするために必要な質問について話し合う。
第三次	5・6	・質問をし合って、自分の考えたものの内容を詳しくすることができる。	・絵を見せながら説明をし、ペアの友だちから質問をしてもらって考えを詳しくする。
第四次	7・8	・発表会を開き、感想を交流し合う。	・グループか学級全体で発表をする。

T　今はないけれど、こんなものがあったらいいなと思うものを考えてみんなに紹介しましょう。先生が「あったらいいなあ」と思うものをみんなに伝えますね。2回同じも

のを紹介します。１回目と2回目を比べて聞いてみましょう。

（絵がない状態で話を進める）

食洗機という機械があります。食器を入れて洗剤を入れてボタンを押すだけで、食器を洗ってくれる便利な機械です。

とっても便利な機械なのですが、先生はもっと便利になってほしいと思っています。それは、食器を食洗機に並べることが大変だからです。上手にうまく並べるにはこつがあってなかなか難しいのです。「もしかしたら、はじめから自分で洗った方が早かったかな」と思うこともあります。

だから、食器をテーブルから食洗機まで上手に入れてくれる「食洗機までお助け君」があったらいいなと思います。


次に、絵を見せながら同じように紹介します。絵があると、イメージがしやすく、より伝わりやすくなります。この時間を設けることによって、相手に話を伝えるためには、具体物や絵・写真が有効であることを実感をもって理解させることができます。本単元の学習で絵をかくことの理由づけになり、今後の発表・紹介活動につなげることができます。

「反応する力」を育てる

「反応する力」を育む授業技術

「うなずく」ことは、話を聞いているということを話し手に伝える意思表示です。話し手は、その意思表示を視界に入れ、感じながら「話す」という行為を進めていきます。「うなずく」という意思表示を感じながら話すことと、感じないまま話すこととでは、話しやすさに大きな違いが生まれます。その違いを感得させることによって、「うなずく」という意思表示をすることの大切さに気づかせていきましょう。

活発に意見が出され、いきいきと展開されている授業には、必ず下支えとなる「うなずく」という意思表示があります。「うなずく」という意思表示を奨励し、育てていくことが大切です。

①「うなずく」と「無反応」の違いを体感させる

同じ話でも、聞き手がうなずいて親身に聞いた場合と無反応の場合の違いを感じさせます。教師が聞き手となり、朝の会のスピーチ等でやってみます。

T　先生が聞き手になります。はじめはうなずきをしないで聞いてみますね。
C　今日、飼っているウサギの毛が抜け始めました。
T　…
C　どうして毛が抜け始めたことに気づいたかというと、頭をなでたときに、手にたくさんの毛がついたからです。
T　…
C　ウサギは1年に2回、毛が生えかわります。
T　…
C　どうして毛が生えかわるのかとても不思議です。
T　…
C　今度、調べてみたいと思います。

T　…

T　○○さん、今先生にウサギのお話をしていてどうでしたか？

C　聞いていないみたいで話しづらかったです。

T　みんなは見ていてどう思いましたか？

C　○○さんがかわいそうだなあと感じました。

C　先生ひどいと思いました。

T　では次に、うなずきながら聞いてみますね。○○さんにもう一度同じお話をしてもらいます。

（教師がうなずきながら話を聞きます。最後に、先ほどと同じように、話し手はどう感じながら話したか、見ている子どもたちはどう感じたのかを出させるようにします。その後で、クラス全体で「うなずく」バージョンの方だけをやってみます。「うなずく」ことの大切さを確認し、その後の授業でうなずいている子どもを大いにほめていくことを繰り返していきます）

②「あいづち」へとステップアップする

うなずきが意識できるようになったら、次は「あいづち」を打てるようにしていきます。あいづちとは、相手の話にうなずいて調子を合わせることです。うなずきは視覚的な意思表示ですが、あいづちは、視覚だけでなく、音声的な意思表示でもあります。そのことから、より話し手に協力するという意味合いが強くなります。

ここでも、教師が聞き手になり、話し手の子どもに話をしてもらいます。1回目は、あいづちを打たないで話を聞きます。2回目は、あいづちを打ちながら話を聞きます。1回目と2回目を比べて、話していてどうだったかを話し手の子どもに聞きます。また、聞いていたまわりの子どもたちにも、見ていてどうだったかを言語化させます。あいづちを打ちながら話を聞くことで、とても話しやすい環境をつくることが体感できます。

さらに、２人組で次の活動を行います。

1　話し手がテーマに沿って話をする
2　聞き手はあいづちを打たず無反応で話を聞く
3　話し手は話すことが辛くなってきたらギブアップする
4　ギブアップした時間を記録する

2回目は、聞き手が十分にあいづちを打ちながら話を聞くようにします。2回目のギブアップをした時間を記録し、1回目と比べます。2回目は、話しやすい環境が生まれ、ギブアップまでの時間が長くなっていることでしょう。

あいづちは、行動としては、低学年にとっても難しいものではありません。うなずきと同様に、授業の中であいづちを打ちながら聞いている子どもをほめるようにしていきます。また、うなずきやあいづちが意識できるようになったら、最も大切な、表情を意識するように働きかけます。うなずきやあいづちと同様に、無表情で話を聞く場合と、表情豊かに話を聞く場合で比べてみてもよいでしょう。

最終的に、「うなずき」「あいづち」「表情」の3つが聞き手に備わることが、話し手にとって話をしやすい環境をつくることを伝えていきます。低学年であっても行動としては十分に理解できるので、時間をかけて確実に育てていきます。

あいづち「あいうえお」
あ／ああ　い／いいね
う／うんうん　え／え～
お／お～

第2章　話し合う【低学年】

尋ねたり応答したりするなどして、少人数で話し合う活動

■主な関連教材
・2年「ことばで絵をつたえよう」（東京書籍）

話を「つなぐ」場を大事にする

低学年における「話し合い」

低学年における話し合いには、次のような型があります。

・情報共有型（情報を共有し合いながら、互いの理解を深める）
・問題解決型（問題解決のために話し合いを行う）

低学年の教科書に掲載されている話し合いは、自分の好きなものや悩みなどを友だちに話して質問し合う「情報共有型」から、友だちの悩みを解決する「問題解決型」へと進んでいきます。「読む」単元でも、問いについて話し合ったり、感想を共有したりするようになっています。

そのような低学年の学習では、話を「つなぐ」ということが大切です。ひと言で「つなぐ」といっても、いろいろなつなぎ方があります。

- ・受け止める（確認する・繰り返す）
- ・返す（質問する・感想を言う）
- ・理由を言う（自分の考えを言う・根拠の文を示す）
- ・選ぶ（意見を選ぶ）
- ・比べる（自分の考えと比べる）

これを低学年では、次のような工夫を取り入れながら身につけさせます。

- ・話しやすい環境を整える（場をつくる）
- ・モデルを見せる（イメージをもたせる）

友だちの話を受け止めたくなる場をつくる

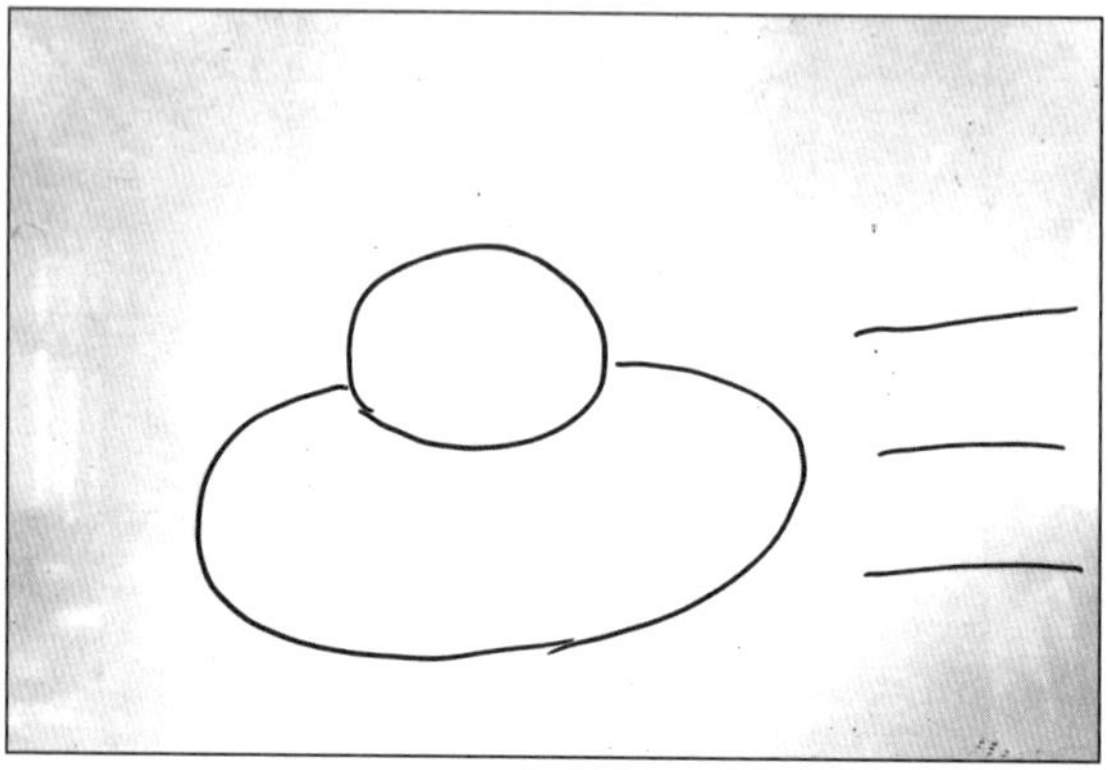

「受け止める」とは、友だちの話を受け止めることです。具体的には「繰り返す」「確認する」などがあります。

2年「ことばで絵をつたえよう」の実践例です。

まず、4人グループになり、2人が「お題を見て言葉で伝える人」、2人が「それを聞いて絵をかく人」に分かれます。絵はホワイトボードにかきます。

2人が教師のところでお題の絵を見ます。上のように丸や線を組み合わせた簡単な絵がおすすめです。

その後、自分の班に戻って伝えていきます。

伝える人が「はじめに丸をかきます」と言ったら、書く人も「はじめに丸をかきます」と言って、ホワイトボードにかくようにさせるとよいでしょう。

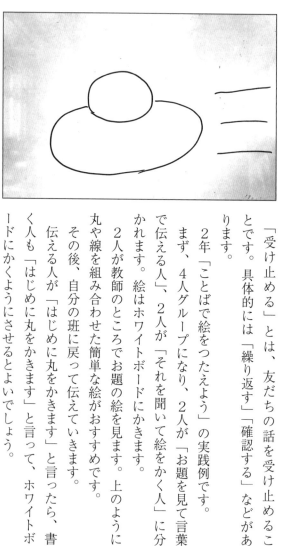

集団で話せる場をつくる

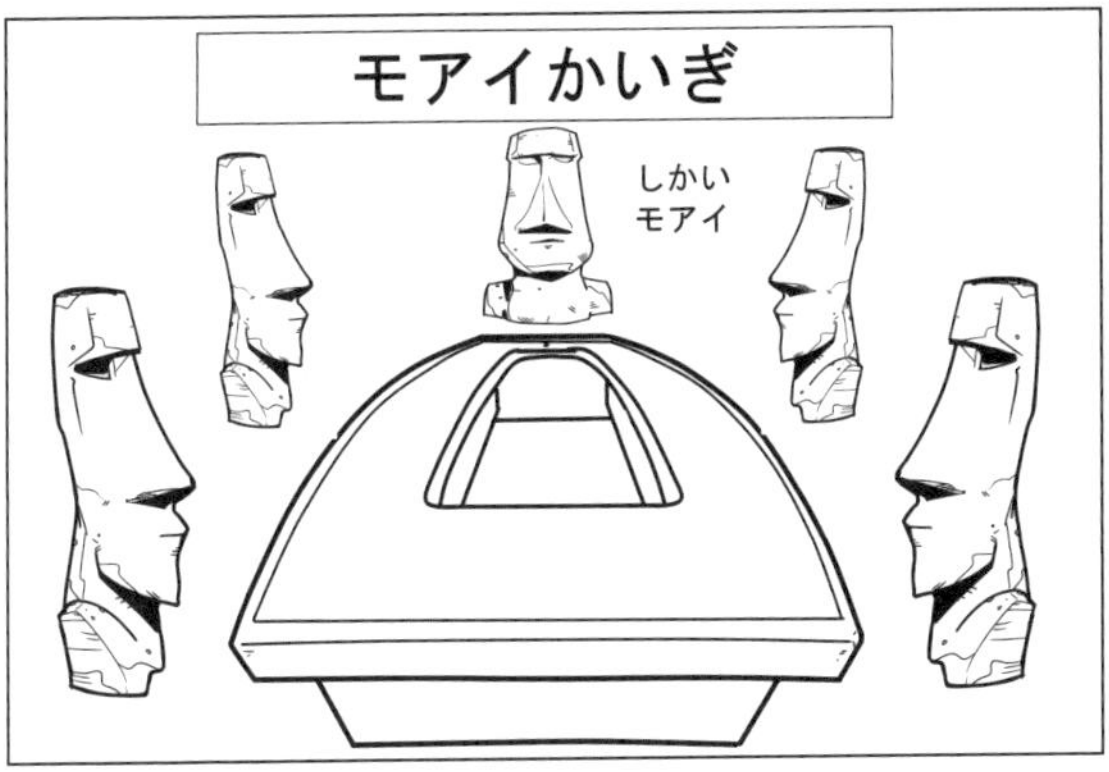

話し合いには、ペアで話す場合と、集団で話す場合があります。ここでは、司会がいる話し合いに慣れさせる事例「モアイかいぎ」を紹介します。4～5人グループの真ん中に上の紙を置いて話し合いごっこをさせます。

ルールは、話し合いの中で語尾に「モアイ」をつけて話すだけです。司会を入れた話し合いの練習が楽しくできます。話し合いはこんな感じで進みます。

司　会　これから、昼休みにみんなで遊ぶあそびを決めようと思います。
参加者　モアーイ。
参加者　ドッジボールがいいと思うモアイ。
参加者　いいと思うモアイ。
参加者　ぼくは違うのがいいモアイ。

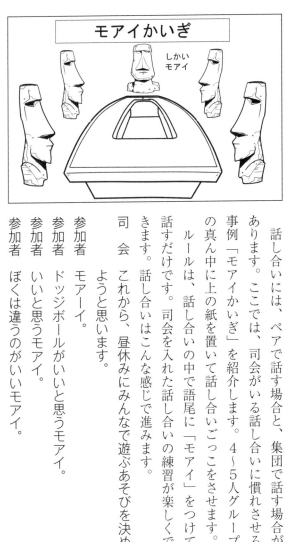

■主な関連教材
・1年「なにに見えるかな」（東京書籍）
・1年「ともだちのこと，しらせよう」（光村図書）
・2年「ともだちをさがそう」（光村図書）

相手の話を受け止め、返すパターンに慣れさせる

「返す」を入れた話し合いの型

低学年の話し合いを教科書で確認すると、次のような話の返し方が見られます。

確認　…ですね。
質問　…ですか？
感想　…と思います。私も…です。
お礼　ありがとうございました。（拍手など）

これらを基本として、話を受けてから返す練習をします。

確認（…ですね。）＋質問（～ですか？）
確認（…ですね。）＋感想（私も…です。）
確認（…ですね。）＋お礼（ありがとうございました。）

左の絵を示して、教師と質問し合います。

Ｔ　私たちはペンギンです。
Ｃ　ペンギンなんですね。何をしているんですか？（確認＋質問）
Ｔ　散歩です。
Ｃ　散歩ですね。どこに行くんですか？（確認＋質問）
Ｔ　海に行きます。
Ｃ　海に行くんですね。ありがとうございました。（確認＋お礼）

慣れてきたら確認を感想に変えてみます。

また、これは1年「なにに見えるかな」の実践です。少人数のグループで行います。

まず1人が、筆記用具など身の回りにあるもので、簡単な形をつくります。そして、「かくにん」「しつもん」「かんそう」「おれい」のいずれかのカードを示し、話をつないでいきます。

左のようなマイクカードを使わせると子どももものってきます。

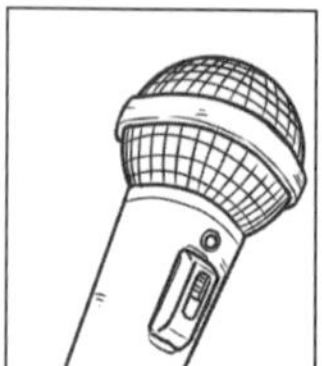

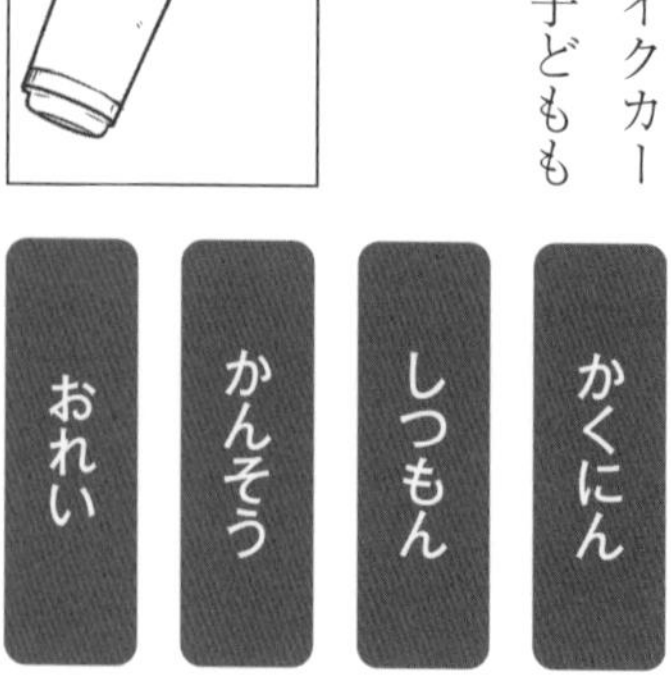

「なりきりインタビューゲーム」で苦手感をなくす

質問する、答える話し合いに参加しやすくするために、活動に工夫を加えて苦手感をなくす方法を紹介します。

ゲストカード

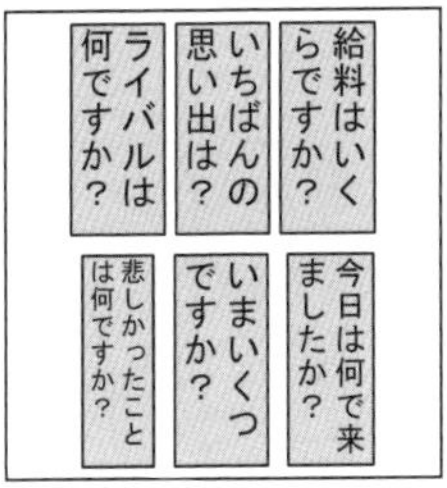

インタビューカード

まず、上の「ゲストカード」と「インタビューカード」を各グループに配り、質問する人と答える人を決めて、それぞれカードを引きます。

質問する人は、「インタビューカード」に書かれてあることを、答える人に聞いていきます。答える人は、「ゲストカード」に書かれている「もの」になりきって答えていきます。

左は、「たまご」のカードの例です。

聞く人　本日のゲストはたまごさんです。
　　　　今日は何で来ましたか?
答える人　買い物袋で来ました。
聞く人　たまごさんは、買い物袋で来たそうです。

慣れてきたら、ペアにインタビューし、グループで共有させる

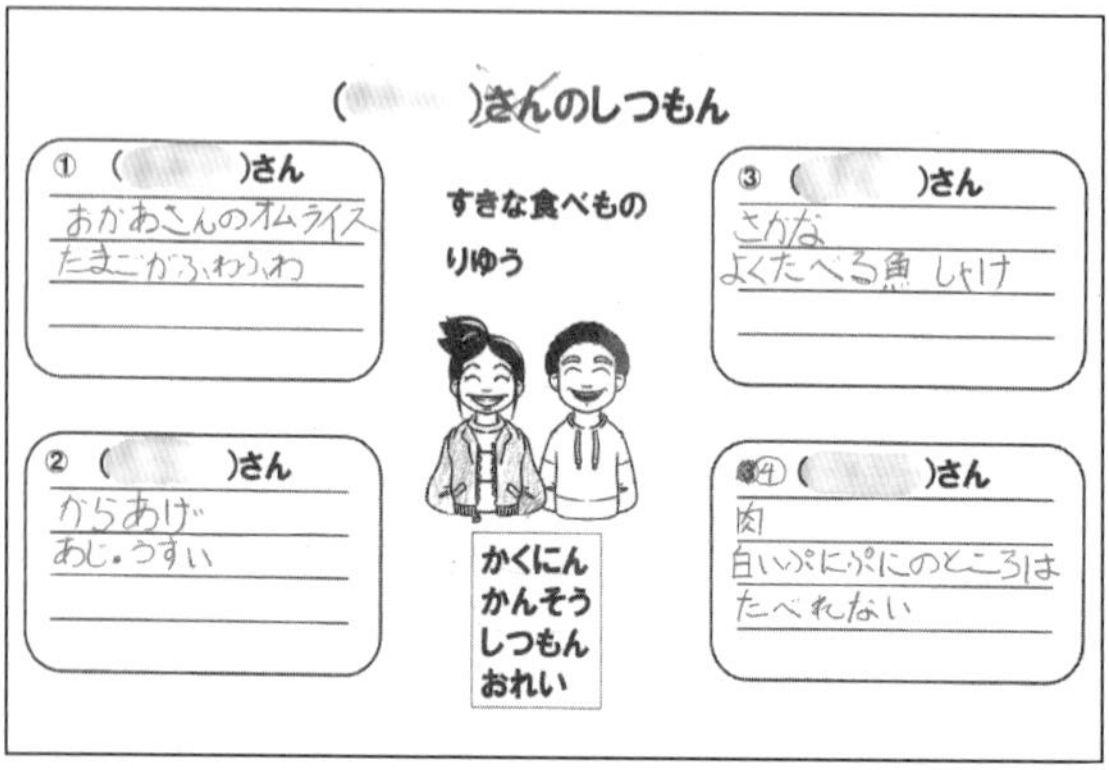

確認・質問・感想・お礼のパターンに慣れてきたら、友だちにインタビューする活動を入れてみましょう。

1年「ともだちのこと、しらせよう」の実践です。

まず、上のワークシートを配り、ペアで話します。

質問の言葉に、「どうして・どんなふうに・どうやって・どういうこと」という言葉も入れさせましょう。

「私は、お肉が好きです」

「お肉が好きなんですね。どうしてですか?」

「おいしいからです。でも白いところは嫌いです」

「白いところが嫌いなんですね。どうしてですか?」

ペアで話し終わったら、話したことをグループで発表します。「○○さんは、○○が好きだそうです。理由は○○だからだそうです」という感じです。

大事なところをメモをして話し合わせる

メモのとり方

せいべつ 男女	男の子です。
ふく	白っぽいふくをきています。
そのほか	なまえは8もじです。
そのほか	にくの白っぽいぷにぷにしたところは食べられません。

低学年では、聞きながらメモを取って話し合う力もつけます。２年「ともだちをさがそう」での実践です。

アナウンスの「年齢・性別・服・持ち物」をメモして、絵から人物を探していく学習内容です。

その後、男女・服・その他（持ち物など）を教師が言って、クラスの子どもを当てていくという活動もできます。

はじめは、上のようにメモの取り方のポイントをプレゼンで示すとよいでしょう。

慣れたら、言葉だけで「迷子のお知らせをします…」というようにアナウンスして、特徴をメモさせてから、班やペアで話し合って、当てていきます。また、前ページと合わせて実践すると、好きな食べ物など見た目ではわからないものが出て、自然と話し合う活動になっていきます。

■主な関連教材

・2年「わたしはおねえさん」（光村図書）

自分の考えと理由を言って話し合う型を覚えさせる

「3〇（さんまる）スピーチ」で自分の考えが言えるようにする

「3〇スピーチ」の〇とは、句点のことです。つまり、次のように、3つの文で話をするということです。

①私は、〇〇がいいです。
②理由は、〇〇だからです。
③だから、私は〇〇がいいと思います。

はじめとおわりに主張、中に理由を入れる形です。この方法で、理由を言う話し方を練習させます。

お題は、2つの中から選択するものがおすすめです。

例えば、次のようなお題を出します。

お題「おにぎりが好きですか？　サンドイッチが好きですか？」

①ぼくはおにぎりがいいです。

（あー、同じ）

②理由は、いろんな具があるからです。

（おー、なるほど）

③だから、ぼくはおにぎりが好きです。

（拍手）

（　）内のように、聞き手にも、○ごとに反応させるようにしましょう。

「ね」を入れて聞き手に反応させる

聞き手には、慣れてきたら語尾に「ね（よね）」を入れて反応させましょう。

例えば、「おいしいからです」という話に、「おいしいですよね」と反応させると、話し手の「はい」といった反応が促され、より双方向的になります。

「しりとりの法則」を入れて聞き手に反応させる

相手の言葉の最後や、大事と思った言葉を使って、話をつないでいく方法です。

これを、あいづちとして活用します。前ページの例でいうと、次のようになります。

①ぼくはおにぎりがいいです。

（あー、おにぎりぼくも好き）

②理由は、いろんな具があるからです。

（いろんな具があるよね）

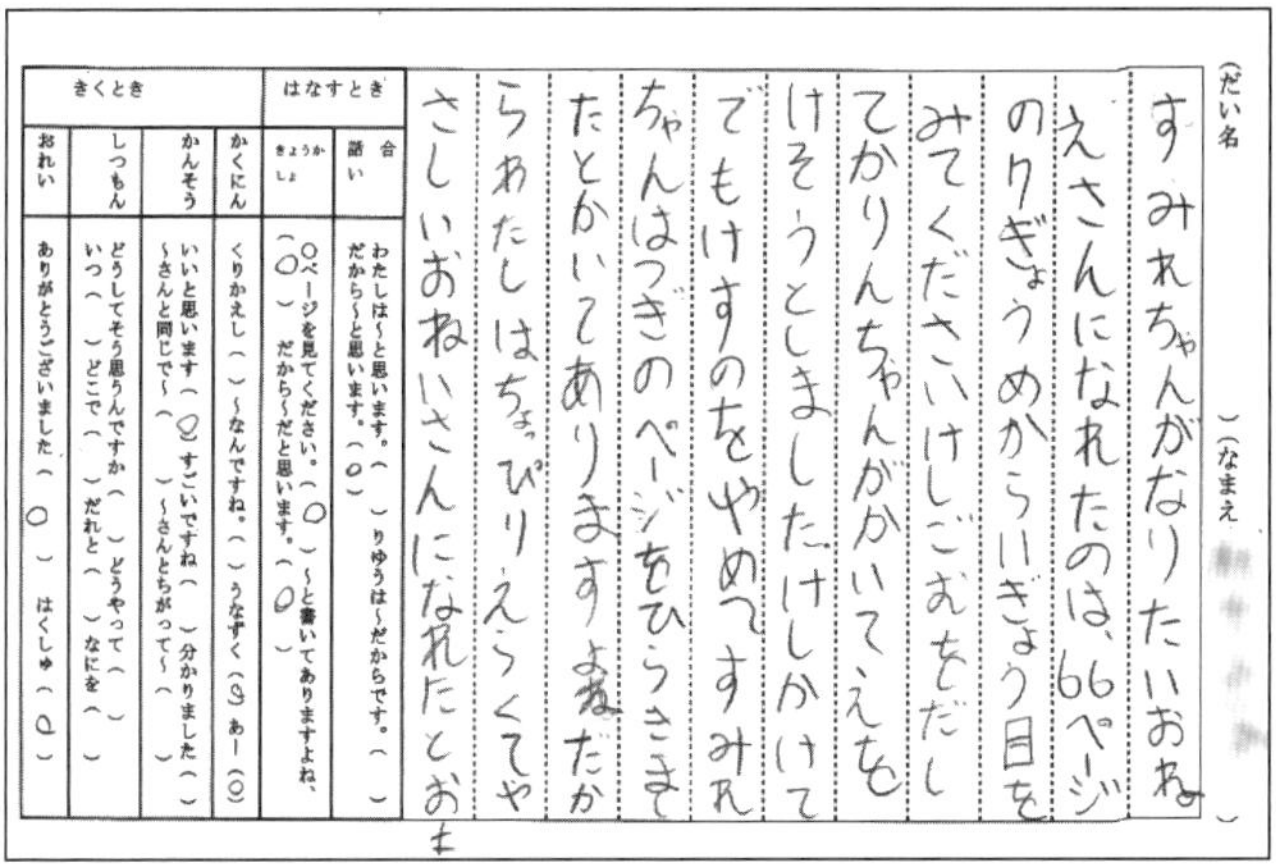
（だい名）
（なまえ）
すみれちゃんがなりたいおねえさんになれたのは、66ページの7ぎょうめから11ぎょう目をみてください けしごむをだしてかりんちゃんがかいてえをけそうとしましたけしかけてでもけすのをやめてすみれちゃんはつぎのページをひらきまたとかいてありますよね だからあたしはちょっぴりえらくてやさしいおねいさんになれたとおも

はなすとき		きくとき			
話合い	きょうかしょ	かくにん	かんそう	しつもん	おれい
わたしは～と思います。（　）りゆうは～だからです。（　） だから～と思います。（　）	○ページを見てください。（　）～と書いてありますよね、 （　）だから～だと思います。（　）	くりかえし（　）～なんですね。（　）うなずく（　）あー（　）	いいと思います（　）すごいですね（　）分かりました（　） ～さんと同じで～（　）～さんとちがって～（　）	どうしてそう思うんですか（　）どうやって（　） いつ（　）どこで（　）だれと（　）なにを（　）	ありがとうございました（　）はくしゅ（　）

ワークシートに書いてから話させる

「読む」の単元の話し合いでは、ワークシートを活用して、根拠になる文と自分の考えを組み合わせて考えをもてるようにしていきます。その際、話すとき・聞くときの話型が書かれていると書きやすくなります。

■主な関連教材
・2年「『クラスお楽しみ会』をひらこう」（教育出版）
・2年「そうだんにのってください」（光村図書）

複数の考えから最適なものを選ぶ力を身につけさせる

「選ぶ」という考え方をイメージさせる

低学年では「選ぶ」話し合いもあります。例えば、相談を解決する話し合い、「読む」単元での発問に対する話し合いです。ここで中・高学年で使う考え方を少し練習します。

- ・1つに絞る
- ・どちらも取り入れる
- ・よいところを混ぜる
- ・別な考えを入れる

ICTで付箋を動かして選ばせる

「無人島で一日過ごすなら、何をもっていきますか。3つだけ選びましょう」という課題を出します。質問をさせながら、イメージを共有していきます。

「家はありますか」「電気はありますか」「川はありますか」「どれくらいの大きさの島ですか」「海には魚はいますか」「動物は何がいますか」といった質問が出ます。低学年なので家と電気はあることにします。

次に、Google Jamboardを1人1ページ使って、3つのアイテムを選ばせます。ピラミッドチャートの形にして、必要性が上位のものを上にします。

ワークシートに、選んだ理由を書かせていきます。そして、ワークシートに書いたものを持ち寄り、3人グループで話し合わせ、グループのベスト3を選び、ホワイトボードに書いて発表し合います。

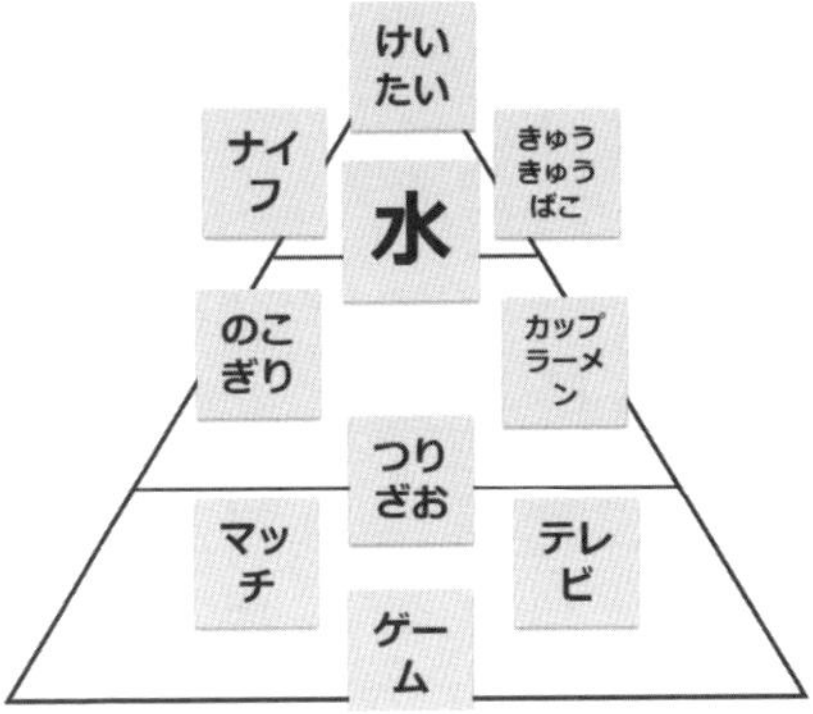

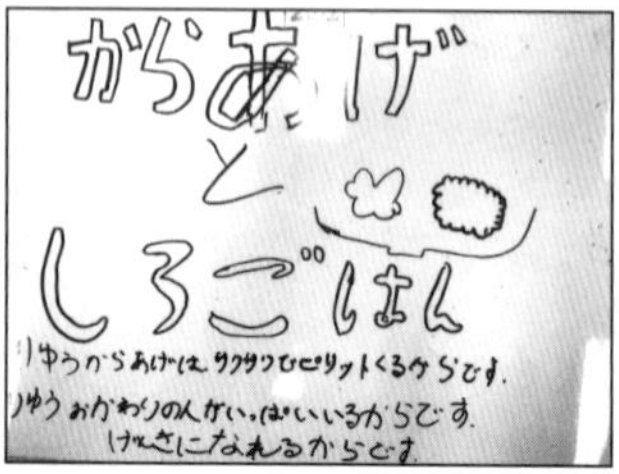

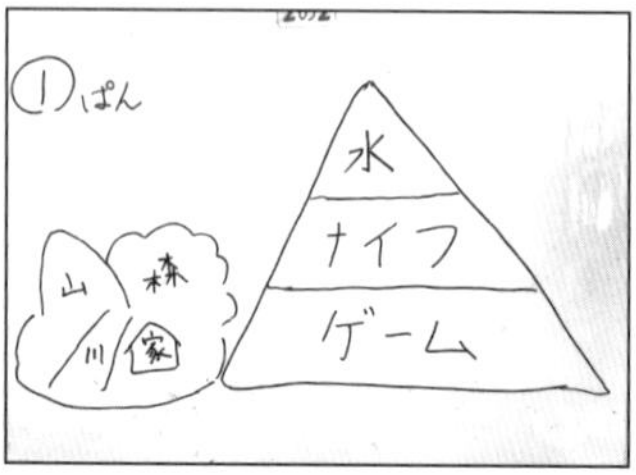

それぞれ理由をしっかり書いているので、互いの意見を聞きながら考えを調整している姿が見られます。

話し合いで最も納得できるものを選ばせる

同じように、出されたお題をグループで話し合う中で、最も納得できる理由を決めるゲームです。

例えば「給食のメニューのナンバー1は何か」というお題を出します。子どもたちはグループで理由を言いながら話し合います。理由の中で最もなるほどと思うものを選びます。

このとき、先に示した4つの視点（1つに絞る／どちらも取り入れる／よいところを混ぜる／別な考えを入れる）でまとめることを伝え、なるほどと思ったら1つにこだわらず書かせるようにします。

このようにすると、全体での発表で聞き合うときに、理由を意識して肯定的に聞くようになります。

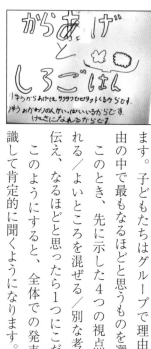

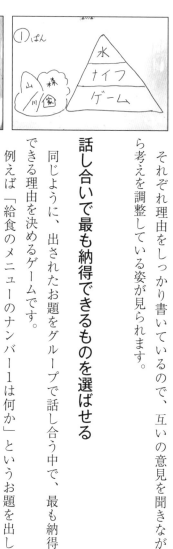

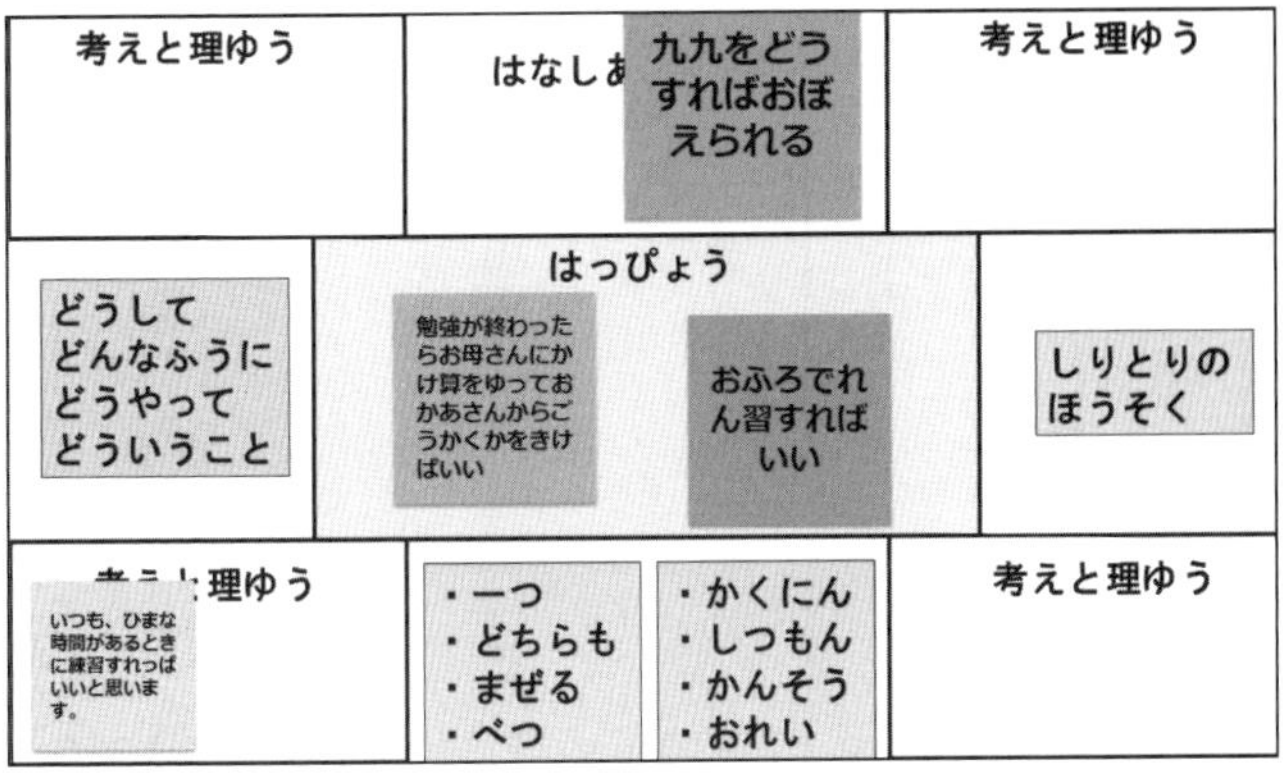
考えと理ゆう
はなしあ
九九をどうすればおぼえられる
考えと理ゆう
はっぴょう
どうして
どんなふうに
どうやって
どういうこと
勉強が終わったらお母さんにかけ算をゆっておかあさんからごうかくかをきけばいい
おふろでれん習すればいい
しりとりのほうそく
いつも、ひまな時間があるときに練習すればいいと思います。
・一つ
・どちらも
・まぜる
・べつ
・かくにん
・しつもん
・かんそう
・おれい
考えと理ゆう

相談の答えから自分がよいものを選ばせる

2年「そうだんにのってください」の実践です。Google Jamboardを使います。

4人グループのうち、相談者が相談内容（上の例では、「九九をどうすればおぼえられる」）をあげ、他の人たちがアドバイスを書いていきます。みんなで質問をしながら、相談者にアドバイスを出していきます。

それらを踏まえて、最後に相談者が、先に示した4つの視点（1つに絞る／どちらも取り入れる／よいところを混ぜる／別な考えを入れる）で自分の考えを発表します。

■主な関連教材

・2年「どうぶつ園のじゅうい」（光村図書）

・2年「スーホの白い馬」（光村図書）

自分の考えと友だちの考えを比べて考えを深めさせる

「読む」単元での話し合い

「読む」単元での話し合いは、話し合いの力を鍛えていくのと違い、次のような目的で進んでいきます。そのため、それぞれの目的が達成できるような工夫が必要です。

・読み深める
↓単元の途中で、ねらいを意識して、注目すべき文や構成に気づかせる
・読みを共有し、広げる
↓単元の最後に、互いの感想や考えを共有する

読み深める話し合いは、「比べる」話型と発問が大切

低学年の子どもは、自分の話ばかりに意識が向いてしまいがちです。そこで、友だちの考えと比べて、同じ考えなのか、違う考えなのかを判断させるようにしましょう。

そのためには、以下の2つが大切になります。

・自分の考えを言いやすい話型
・自分の考えを決めやすい発問

自分の考えを言いやすい話型を提示する

低学年の話し合いは、「心内対話」「ペア対話」「全体対話」の流れで進んでいきますが、教室の前面などに、具体的な言葉を書いた話型を貼って、何度も練習していきます。

まず、心内対話です。自分の考えの基になっている文に線を引かせます。

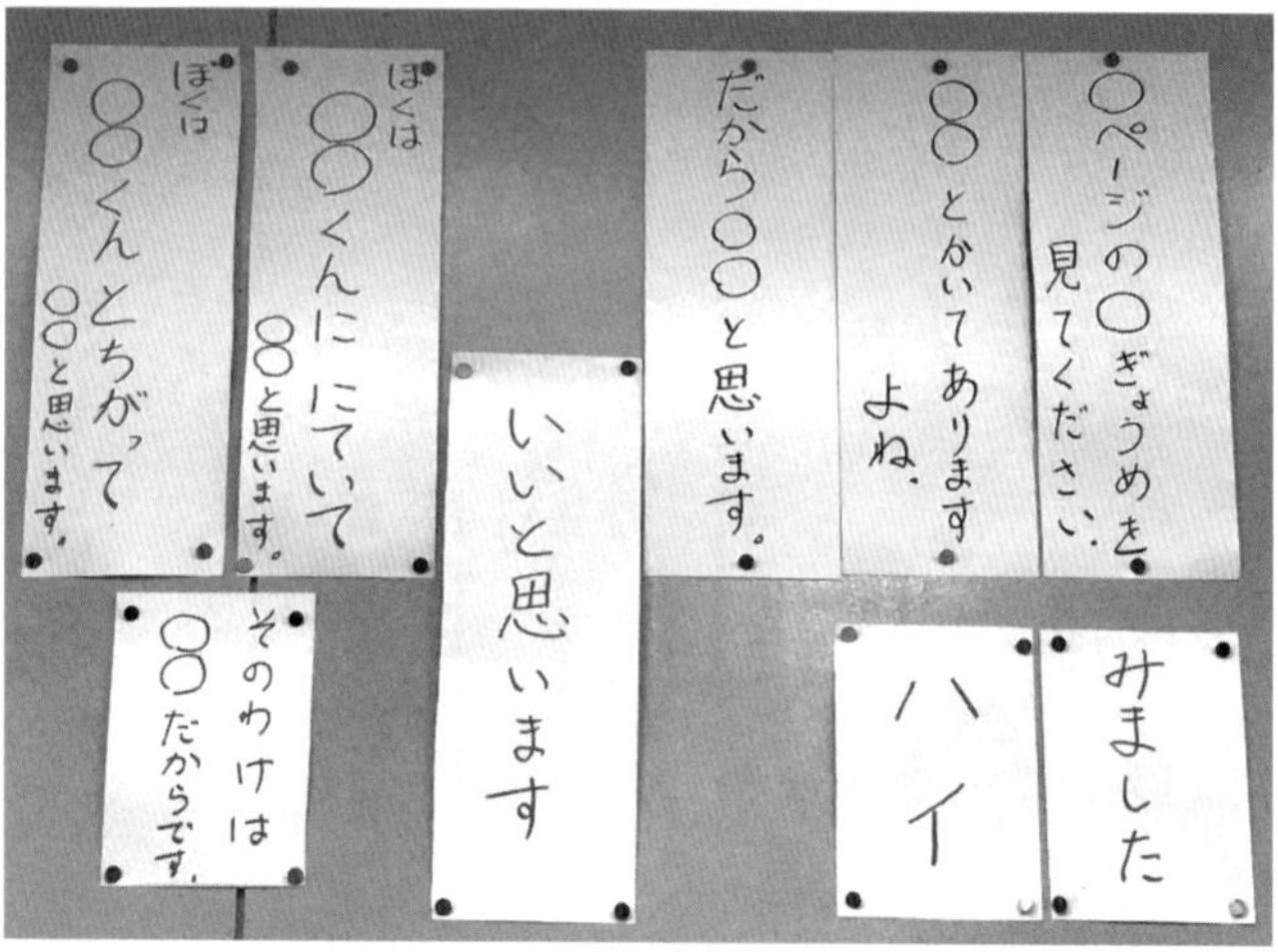

次に、その文に自分の考えをつないでいきます。「○ページの○行目を見てください。そこに○○と書いてありますよね。だから私は○○だと思います」というように発表していきます。

次に、友だちと話をします。ペア対話です。聞き手には、相手の目を見て、うなずきながら、「聞いているよ」という態度で聞かせます。

最後に全体対話です。

全体対話でも、ペア対話と同じように、うなずいたり、あいづちを打ったりしながら聞かせます。

ここで大事なのは、自分の考えを話すだけでなく、友だちの考えと比べて同じなのか、違うのかを意識させ、自分の考えがどう変わったかまで意識させることです。

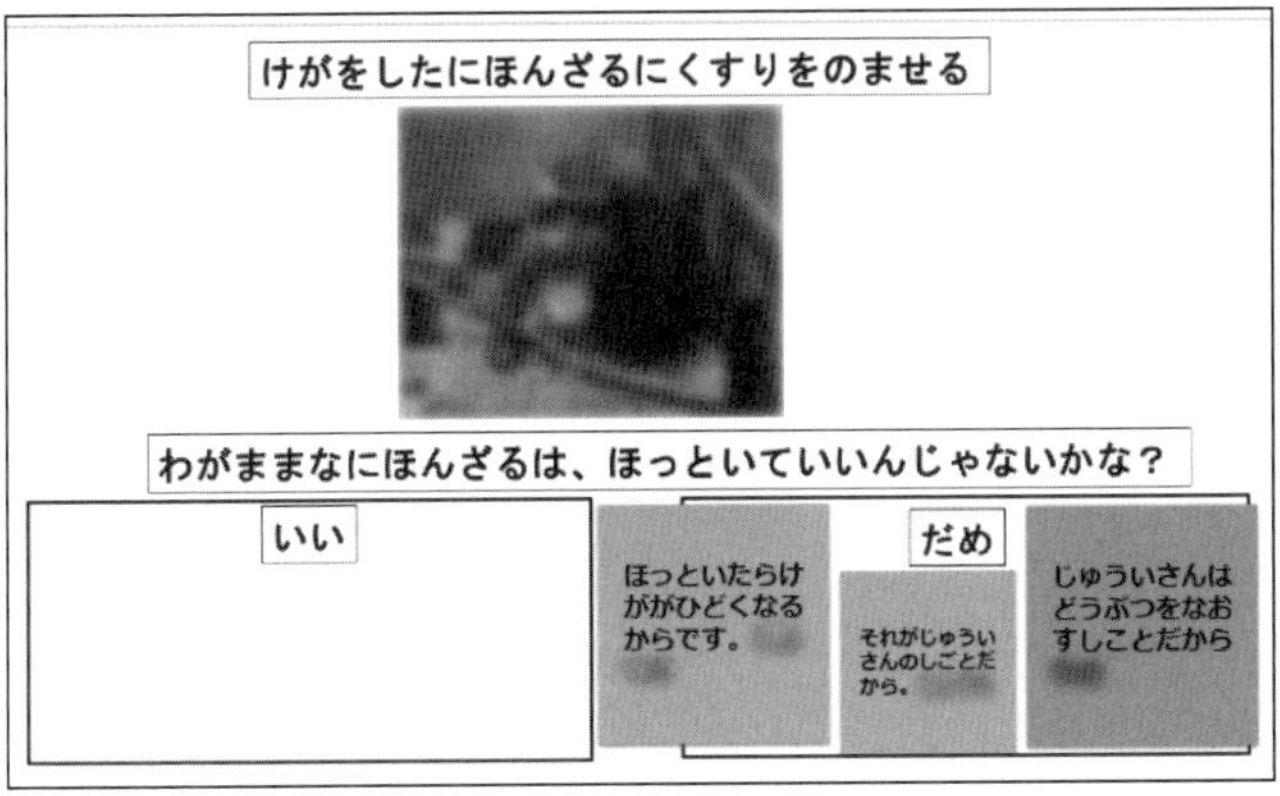
けがをしたにほんざるにくすりをのませる
わがままなにほんざるは、ほっといていいんじゃないかな？
いい
だめ
ほっといたらけががひどくなるからです。
それがじゅういさんのしごとだから。
じゅういさんはどうぶつをなおすしことだから

自分の考えを決めやすい発問で場をつくる

自分の考えをもっていないと、話し合いに参加しにくくなります。そこで、低学年では、自分の考えを決めやすい発問をすることで、自分の考えをしっかりもって話し合いに参加できるようにします。あわせて、ＩＣＴを活用することで各々の考えを可視化し、比べやすくすると、話し合いがよりスムーズになります。

2年「どうぶつ園のじゅうい」の実践例です。

ここでは、薬をなかなか飲まない猿の事例について、「わがままなにほんざるは、ほっといていいんじゃない？」という発問で、いいか悪いかを考えさせました。その理由の根拠として、教科書に書いてあることを発表し合うことを通して、獣医の仕事や工夫をする理由に気づかせることができます。

自分の考えがどう深まったか振り返らせる

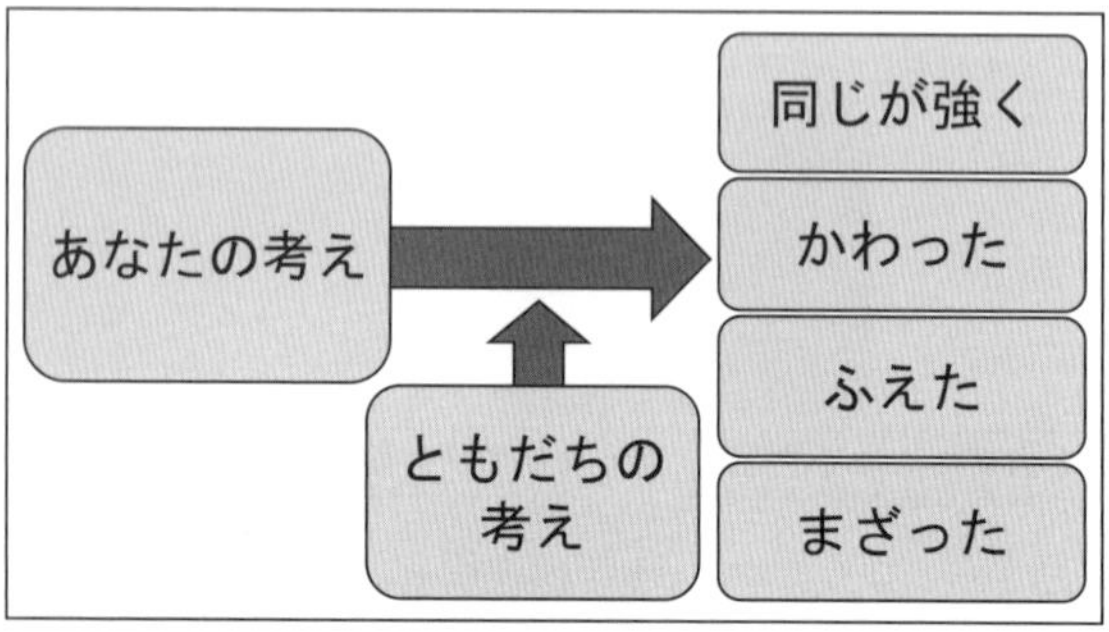

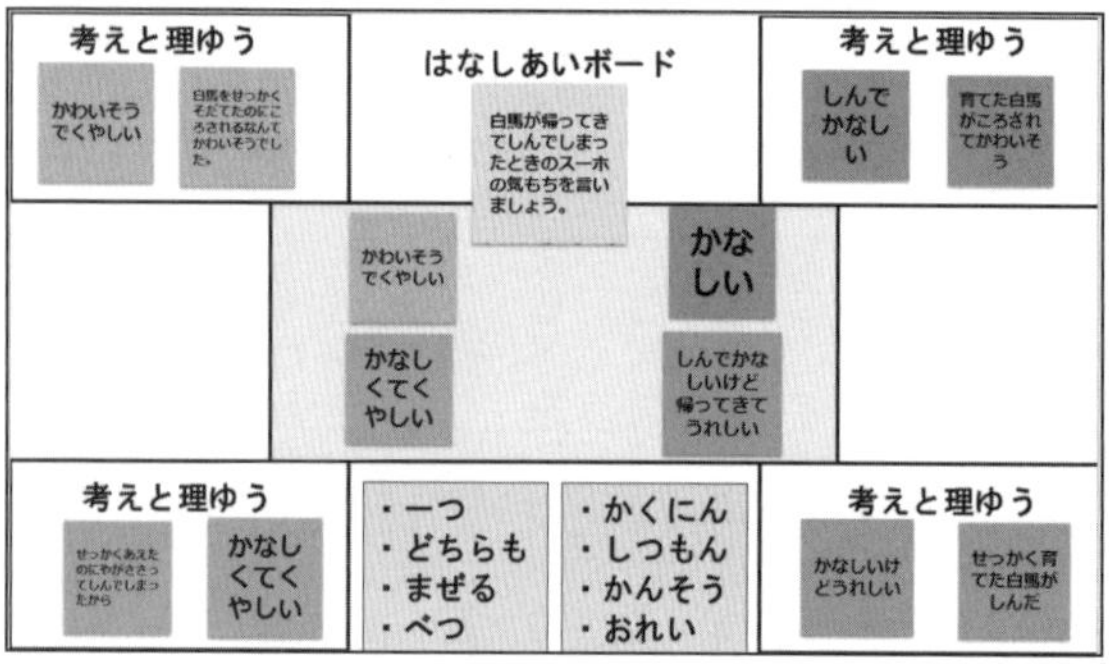

「読む」単元では、自分が感じたことを話し合う活動がありますが、低学年では、振り返りを大事にしましょう。例えば、はじめの自分の考えが、友だちの考えを受けて、強くなったのか、変わったのか、広がった（増えた）のかなどを、Google Jamboard 上で確認してみるとよいでしょう。上の例は、「スーホの白い馬」で白馬がスーホのところに帰ってきて死んでしまったときのスーホの気持ちを話し合わせたものです。

第3章　話す・聞く①【中学年】

説明や報告など調べたことを話したり、それらを聞いたりする活動

■主な関連教材
・4年「調べて話そう，生活調査隊」（光村図書）

イメージマップを使って、調べる内容のイメージを広げる

調べる題材を決めさせる

「話すこと・聞くこと」の単元は、子どもたちに話す・聞く力や技法を育む単元です。しかし、本来、話す・聞くとは、相手に何かを伝えたかったり、何かを聞きたかったりするから行われることです。したがって、「話すこと・聞くこと」の単元では、子どもたちが、少しでも「話したい」「聞きたい」と思えるようなしかけが必要になります。

まず、大切なことは題材選びです。例えば、総合的な学習の時間で地域の商店街を題材に学習を進めている場合は、「買い物について」「お金の使い方について」「お店について」などと、総合と関連のある題材を話題にすることで、子どもたちの関心が高まります。他にも、理科や社会、道徳の授業と関連づけることが有効です。また、「本や読書について」

「放課後の過ごし方について」など、教室で流行っていることや子どもたちの話題に上がって いることを取り上げることもできますし、子どもたちが興味をもっていないけれど、これから意識させたいことを題材にすることもできます。

子どもたちの普段の生活の中から題材を決めるときには、まず、「みなさんの1週間の中で、好きな時間と嫌いな時間は何ですか?」と聞くことが有効です。子どもたちは、「放課後の公園で遊ぶ時間が好き」「朝、学校に来るときが好き」「土曜日の家族でご飯を食べるときが好き」「日曜日の夕方に宿題をするときが嫌い」などと答えます。好きな時間と嫌いな時間を聞くことで、子どもたちは自分たちの生活を振り返ります。子どもたちの発表の似たものを整理していくと、「食生活」「放課後の過ごし方」「習い事」「登下校」「スマホの使い方」「動画の視聴」「おこづかい」などの題材が見えてきます。

これらの題材が明らかになったら、自分たちが調べたい題材を選択します。教師が題材を決めて子どもに提示するより、子どもたちが選択をした方が、子どもたちの学習に対する意欲は高まります。発表のとき、子どもたちが聞きたくなるように、子どもたちの関心が高い題材を選べるかどうかが、単元の成否に大きく影響します。

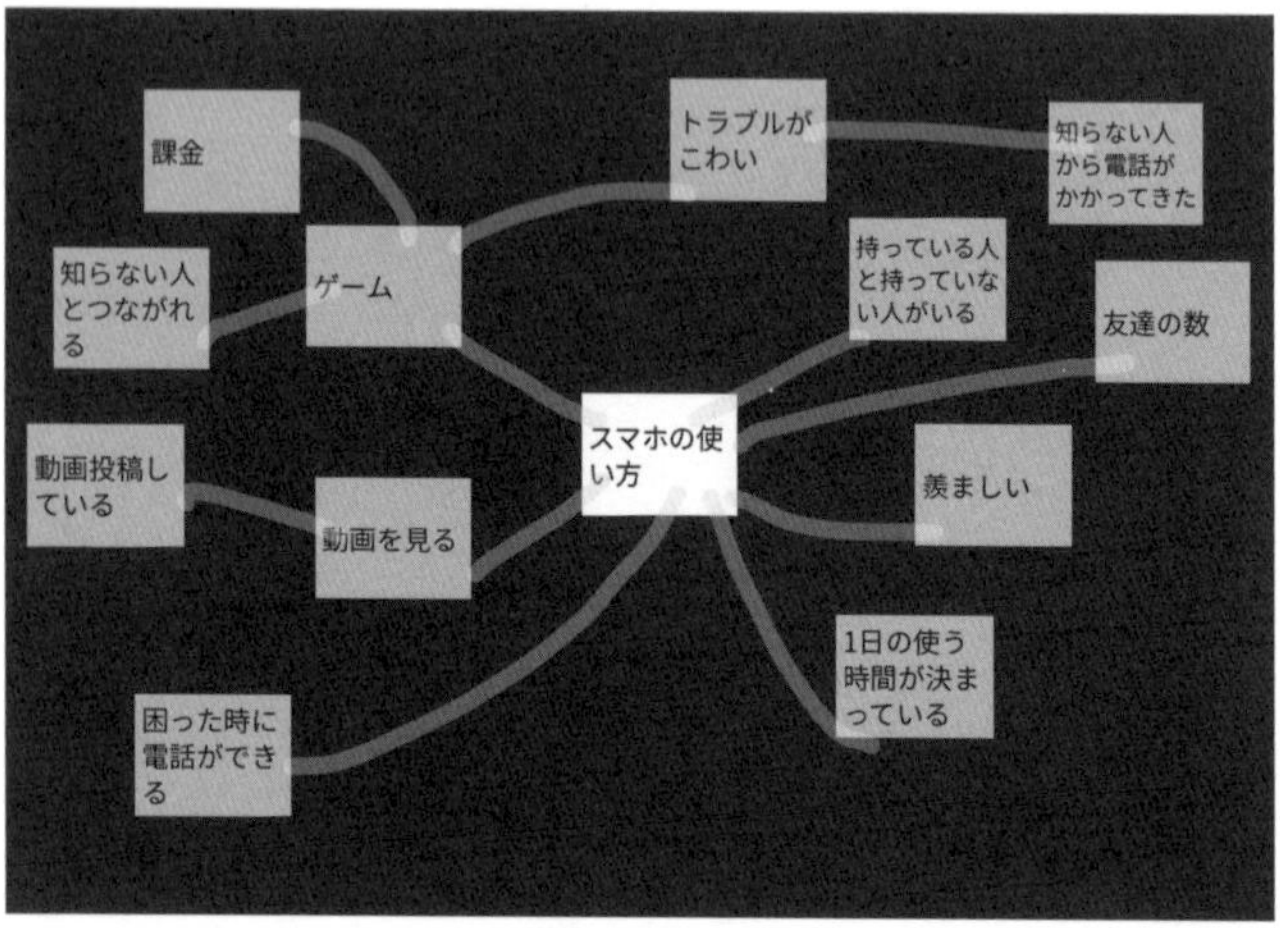
課金
トラブルがこわい
知らない人から電話がかかってきた
知らない人とつながれる
ゲーム
持っている人と持っていない人がいる
友達の数
スマホの使い方
動画投稿している
動画を見る
羨ましい
1日の使う時間が決まっている
困った時に電話ができる

題材のイメージを広げさせる

調べる題材が決まったら、すぐに「アンケートを考えましょう」と子どもたちに言いたくなりますが、それでは不十分です。まずは、調べたい題材について、子どもたちのイメージを広げることが大切です。イメージを広げるには、イメージマップが有効です。上のように、真ん中に調べたい題材を書きます。子どもたちには、「そこから連想したことや思ったことをたくさん書きましょう」と指示します。連想したことや思ったことを書き加えていくことで、題材の様々な側面が見えてきます。

　イメージマップは、グループで話しながら書き加えていくことが有効です。

「私の家は、スマホを使う時間が決められているよ」

「ぼくの家は自由に使えるけど、スマホを買ってもらったときに、お母さんとの約束を書いた契約書みたいなものをつくったよ」

このようにして、題材に対するグループのみんなの認識が共有されたり、捉え方の違いが明らかになったりします。このような話し合いを通して、題材について考えるべきポイントが明らかになり、次の学習のアンケートづくりがより効果的になります。

アンケートのつくり方のコツをつかませる

アンケートをつくるのは、とても難しいことです。そこで、子どもたちにアンケートの種類とそのメリットとデメリットを提示し、自分たちの調べたいことに合わせてアンケートの形式を選ばせます。

①YES／NO形式（例　あなたは○○について賛成ですか、反対ですか）
質問に対して二択で答える形式です。

メリット　…シンプルな回答が得られて、分析がしやすい。
デメリット…人によって考え方がたくさんある場合は適さない。

②単一回答形式（例　最も当てはまるものを1つだけ選んでください）

1つの設問で複数の選択肢を提示し、その中から当てはまるものを選ぶ形式です。
メリット　…最も重視することや最も当てはまることを知りたい場合に有効。
デメリット…1つしか選ばないので、意見や経験の広がりがわかりにくい。

③複数選択形式（例　そう思うものをいくつでも選んでください）

複数ある選択肢から、当てはまるものをすべて選ぶ形式です。
メリット　…優先順位が高い項目が何かがわかりやすい。
デメリット…選択肢を十分に用意する必要がある。

④段階形式（例　5段階のうち、一番近いものを選んでください）

5段階評価のように複数ある段階から1つ選ぶ形式です。

メリット　…よくある形式なので考えやすい。
デメリット…中間の数値の回答に偏り、有効な結果が得られない可能性がある。

⑤自由記述形式（例　○○について思うことを自由に書いてください）

設問に対して、自由に意見や感想を書く回答形式です。
メリット　…自由な回答だからこそわかることがある。
デメリット…集計が難しい。また、どのように回答すればよいかがわかりにくい。

アンケートづくりはとても難しく、聞き方次第で得られる情報は大きく変わります。子どもたちにアンケートの形式とメリット、デメリットを十分理解させたうえで、質問方法を選ばせることが大切です。

1人1台端末の普及で、アンケート自体は実施しやすくなっています。様々な場面でアンケートをつくり、結果を分析することで、アンケートをとることも上手になります。総合的な学習の時間や他教科においても積極的にアンケートを作成する場面を設定することが大切です。

付箋にまとめながらインタビューを聞かせる

付箋を使ってメモを取らせる

インタビューなどで人から話を聞くとき、「聞いたことをしっかりとメモしましょう」と伝えるだけでなく、話を整理しながら聞く力を育てることが大切です。そのためには、付箋を使ってメモを取ることが有効です。子どもたちには、「お話を聞く中で、心に残ったことや大切だと思ったことを付箋に書きましょう」と伝え、1人10枚程度の付箋を配ります。付箋にまとめることにはいくつかのよさがあります。

①簡潔性

付箋には、たくさんの情報を書くことはできません。限られた広さなので、情報を選択しなくてはいけません。必然的に、子どもたちはキーセンテンスやキーワードを書くようになります。お話の中から心に残ったことやお話の中心だけを書くように指導します。はじめはできなくても、様々な機会に付箋を活用することで、お話のポイントを聞き分ける力、つまり要約力が育成されます。

②話の整理

子どもたちには「1枚の付箋には、1つのお話を書きましょう」と指示します。そうすることで、お話を整理しながら聞くことができます。インタビューでは、話す人が話を整理しながら話してくれるとは限りません。聞く側が、話を分類しながら聞くことが大切です。子どもたちは「お話が変わったな」と思うタイミングで付箋を変えます。

③色

付箋には様々な色があります。インタビューをして聞いたことを黄色、そこから考えたことを青色…などと色分けすることで、頭の中を可視化できます。特に中学年では、事実と意見を分ける学習がとても大切です。「聞いたこと」と「考えたこと」を整理することを積み重ねることで、説明文などの学習でも、事実と意見を区別しながら読むことができるようになります。

④操作性

インタビューを聞いた後には、それらを整理し、まとめて発表につなげることが多いと思います。付箋は、貼る、はがす、移動するなどの操作が可能なので、情報の整理・分析にとても有効です。友だちと意見を聞いた話を交流するときに、グルーピングしながら付箋を出し合うこともできます。

⑤情報の俯瞰

インタビューの後、付箋を見ると、情報を俯瞰して見ることができます。俯瞰して見ることで、「そういえばさっきも同じような話があった」などと、情報と情報のつながりや関連性に気づくことができます。そして、情報と情報が組み合わさることで、新たなアイデアが創出されます。

付箋を使って自分の考えをつくらせる

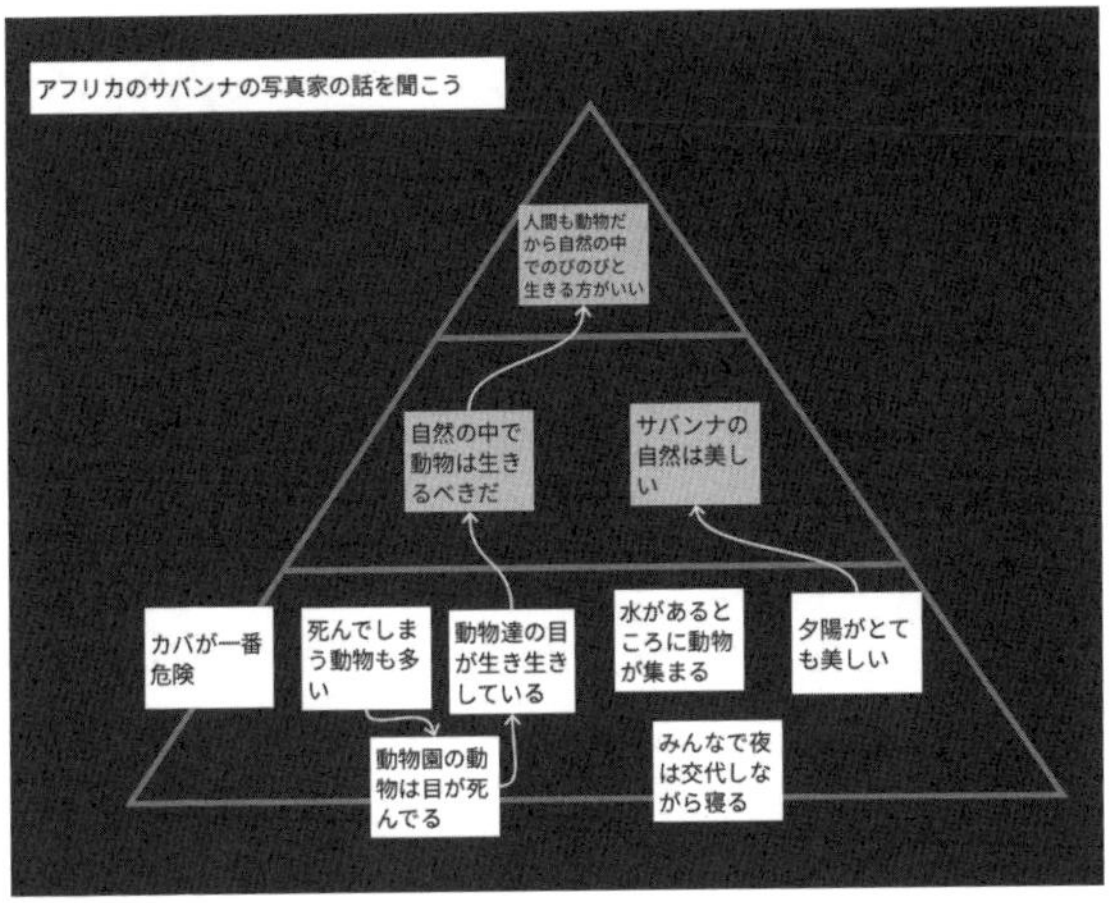
アフリカのサバンナの写真家の話を聞こう
人間も動物だから自然の中でのびのびと生きる方がいい
自然の中で動物は生きるべきだ
サバンナの自然は美しい
カバが一番危険
死んでしまう動物も多い
動物達の目が生き生きしている
水があるところに動物が集まる
夕陽がとても美しい
動物園の動物は目が死んでる
みんなで夜は交代しながら寝る

付箋を活用した情報の整理は、ピラミッドチャートなどのシンキングツールとの親和性が高いです。上の例は、インタビュー後、ピラミッドチャートで考えを整理したものです。ピラミッドチャートの一番下には、聞いた話を付箋にまとめたものが貼られます。2段目には一番下の情報からわかったことや考えたことを書きます。そして、一番上の段には2段目の情報を基に自分の考えを書きます。ピラミッドチャートにまとめることで、自分の意見とそれにつながる情報が可視化されます。また、自分の意見とインタビューで聞いた話のつながりが可視化されることで、自分の意見を伝えるときに、どの資料を提示すればよいかがわかりやすくなります。

スピーチ動画を探して、話し方のコツをつかませる

あこがれるスピーチに出合わせる

相手にわかりやすく話すためには、声の大きさや速さなど様々な工夫の仕方があります。しかし、「声の大きさに気をつけましょう」とか「話すときの速さに気をつけましょう」と指示したところで、子どもたちはどのように気をつけてよいかわからず、結局同じような発表になってしまいます。そこで、子どもたちによりよい話し方の姿を意識させることがとても重要になります。

まず、子どもたちに、自分があこがれるスピーチに出合わせることが必要になります。子どもたちに、「自分がナンバーワンと思えるスピーチを見つけよう」と投げかけます。インターネット上には様々なスピーチの動画があります。その中から、自分が一番上手だ

と思うスピーチを選ばせます。政治家やスポーツ選手のスピーチから、ビブリオバトルなどの子どものスピーチまで様々なものがあります。「上手なスピーチを探す」という意識をもっていくつかのスピーチを見ることで、子どもたちにも、少しずつ上手なスピーチのポイントが見えてきます。発達段階に応じて、子どもたちに自由に動画を探させたり、検索ワードを示したり、いくつかの動画を教師が選び、その中から選ばせたりします。教師が子どもたちに気づいてほしい話し方をしている動画を提示すると、その後の授業が進めやすくなります。大切なのは、子どもたちが選択するということです。子どもたちの選択する基準が、よりよいスピーチのポイントとなります。

ポイントを明らかにさせる

子どもたちが動画を選択したら、そのスピーチがナンバーワンだと思った理由を尋ねます。それらの理由を整理していくことで、わかりやすい発表（話し方）のポイントが見えてきます。

具体的には、次のようなポイントがあります。

①**視線**

・視線を上げて話をする。

・左右の聞いている人の顔を見回して話をする。

・伝えたい内容に合わせて目線をコントロールする。

②**速さ**

・聞き取りやすいスピードで話をする。

・大事なことやみんなが知らないことは、聞き取りやすいようにゆっくり話す（速さの強弱をつける）。

③**間**

・文と文の間で間を取る。

・大事なことや伝えたいことの前で間を取る。

・問いを投げかけたときに間を取る。

④**強弱**

・大切なところは強く話して強調する。

・聞き取りやすい声の大きさで話をする。

⑤資料

・１枚のスライドに入れる文字の量を減らす。
（人が一瞬で目で見て理解できる文字量には限りがある）
・話す内容とスライドに書く内容を整理する。
（変化を表すときはグラフなどで示す。
注目させたい言葉は色を変える。
伝えたい内容に応じて写真と動画を使い分ける。
注目させたいところは手で示しながら話す。
挿絵は使いすぎない方がわかりやすい）

他にも話し方のポイントはたくさんあります。小学校の先生は、話し方のプロフェッショナルです。初任のとき、先輩から話し方のコツをたくさん教えてもらったと思います。それを教師のものだけにするのではなく、子どもたちにも技として授けるのです。「いろんな先生の話し方の技を見つけてごらん！」と子どもたちに投げかけることも有効です。

ポイントを意識して発表の練習をさせる

ポイントを明らかにしたら次は実践ですが、「これらのポイントを意識して発表しましょう」と伝えたところで、なかなかできるものではありません。実際に練習をしてポイントを子どもたちの技にしていく必要があります。

まずは、子どもたちに特に意識したいポイントを選ばせます。すべてのポイントを意識するのはとても難しいので、子どもたちの意識を焦点化させることが必要です。自分の目標とする動画を選んでいるので、それが参考になります。もう一度、自分の参考となる動画を見せることも有効です。

次に、「どのように工夫をするか、原稿に書き込みましょう」と指示します。楽譜のように、「ここは強く読む」「ここで間を空ける」などと書き込みをさせます。発達段階に応じて、教師が作成した見本を提示するとよいでしょう。

そして、いよいよ発表の練習ですが、「工夫をして読むこと」「工夫をせずに読むこと」の両方をさせます。両方を経験することで、工夫点がより明確になります。

最後に、発表している様子を撮影します。実際に見てみると、自分が思っているより工夫されていないことがあります。動画を友だちと見合いながら、お互いにアドバイスすると、よりよい発表につなげることができます。

担任が一番の言語環境

子どもたちは、毎日多くの発表を聞いています。それは、担任の話です。

子どもたちが担任の話し方にだんだん似てくることがあります。それは、知らず知らずのうちに、担任の話し方が子どもたちに染み込んでいくからです。担任がとても話が上手な人なら、子どもたちの話し方も上手になります。これは、逆も然りです。ですから、私たち教師は、だれよりも「話すこと」のスペシャリストでいなくてはいけません。

子どもだけでなく、私たち大人も、勉強したり、練習したりしないと、話し方は上手になりません。ぜひとも、教材研究だと思って、子どもたちに紹介するスピーチ動画を探し、たくさん見てください。そして、自身で話し方のポイントを見いだしてください。子どもたちと一緒に話し方のポイントを探す学習を繰り広げることができれば、教師も子どもも成長する単元になるはずです。

構成を意識して発表原稿を書かせる

「はじめ・なか・おわり」を意識させる

調べたことやまとめたことを発表するためには、発表原稿が必要です。発表原稿は、「はじめ・なか・おわり」を意識した構成で作成することが有効です。「はじめ・なか・おわり」には、それぞれの役割があります。

①「はじめ」の役割

・今から話す内容のテーマや大枠を提示します。発表する相手にあまりなじみのないテーマの場合は、そのテーマについてわかりやすく解説することが重要です。聞き手がそのテーマについて知っていることやもっている意見を想像することが必要です。

・聞き手が興味をもつようなしかけをします。例えば、「みなさんは、○○したことがありますか？」などと問いかけをすることで疑問をもたせたり、あえて聞き手の考えとは真逆の話をすることでインパクトを与えたりすることが有効です。また、聞き手の悩みや意見を想像して、その内容を話すことで、聞き手の共感を得る方法も有効です。中学年では、まだ、自分の伝えたいことが先行する時期なので、聞き手の気持ちや意見を想像し、その内容をはじめに話すことが大切な学習になります。

②「なか」の役割

・「なか」は、聞き手がわかりやすいように、納得できるように構成することが大切です。例えば、「○○さんに、好きな学校の場所について聞いてみると、疲れたときに1人になれる中庭の花壇の前が好きだそうです。花壇にはいろいろな虫がいて、つかまえたり、手の上で歩かせたりしてゆっくりするそうです」などと、具体例やエピソードを入れることで、より親しみやすい発表になります。また、グラフや表などのデータを示すことも効果的です。アンケートをとった結果をグラフにして提示したり、「クラスの4分の3の友だちが…」などと数値を提示したりします。具体例や数値を示すことで、よりわかりやすく、聞きたくなる発表になります。

・「なか」の段落を書くためには、調べたことを整理して、分析することが重要になります。子どもたちは、調べたことをすぐに発表しようとします。しかし、それでは不十分です。調べたことをグラフや表にまとめた後、「その資料から見えてくること、わかること」についてグループで話し合います。話し合いの中で、アンケート結果の原因などについて話し合うことで、より豊かな発表にすることができます。

・子どもたちは、アンケートや調べた内容をすべて伝えようとします。しかし、それでは伝えたいことが伝わりにくくなります。自分たちが伝えたいことに合わせて、「なか」の段落の内容を選択する必要があります。グループで、どのエピソードや資料が有効か話し合うことで、自分たちが伝えたい内容がより明確になります。

・発表にはユーモアも大切です。聞いている人の心を和ませることで、伝えたいことがより伝わりやすくなります。エピソードや具体例にはユーモアを入れやすくなります。「ユーモアを入れなさい」と指示してもなかなか難しいので、ユーモアを入れた発表をしたグループをほめて価値づけします。すると、子どもたちは自然とユーモアを入れた発表をするようになります。

③「おわり」の役割

・「おわり」では、自分たちが伝えたいことや考えたことを話します。ここでは「なか」の内容と伝えたいことがつながっていることがポイントになります。「おわり」を考えた後、もう一度「なか」を見返して、きちんとつながっているかどうかを確認します。

「はじめ・なか・おわり」のそれぞれの段落の役割を意識して原稿を書くことで、よりわかりやすい発表になります。しかし、子どもたちにとって、構成を意識して原稿を書くのはとても難しいことです。そこで、1年生や2年生のときの説明文を子どもたちに配付し、参考にさせるのがとても有効です。

また、子どもたちにとって一番参考になるのが担任の日々のお話です。子どもたちは毎日シャワーのように担任の話を浴びています。担任が毎日わかりやすい構成で、ユーモアを交えて話をすることができていたら、子どもたちは自然とそのような発表をします。教師自身も、話す力を鍛えていくことが、子どもの話す力の育成につながるのです。

フィッシュボーン図を使って発表を整理させる

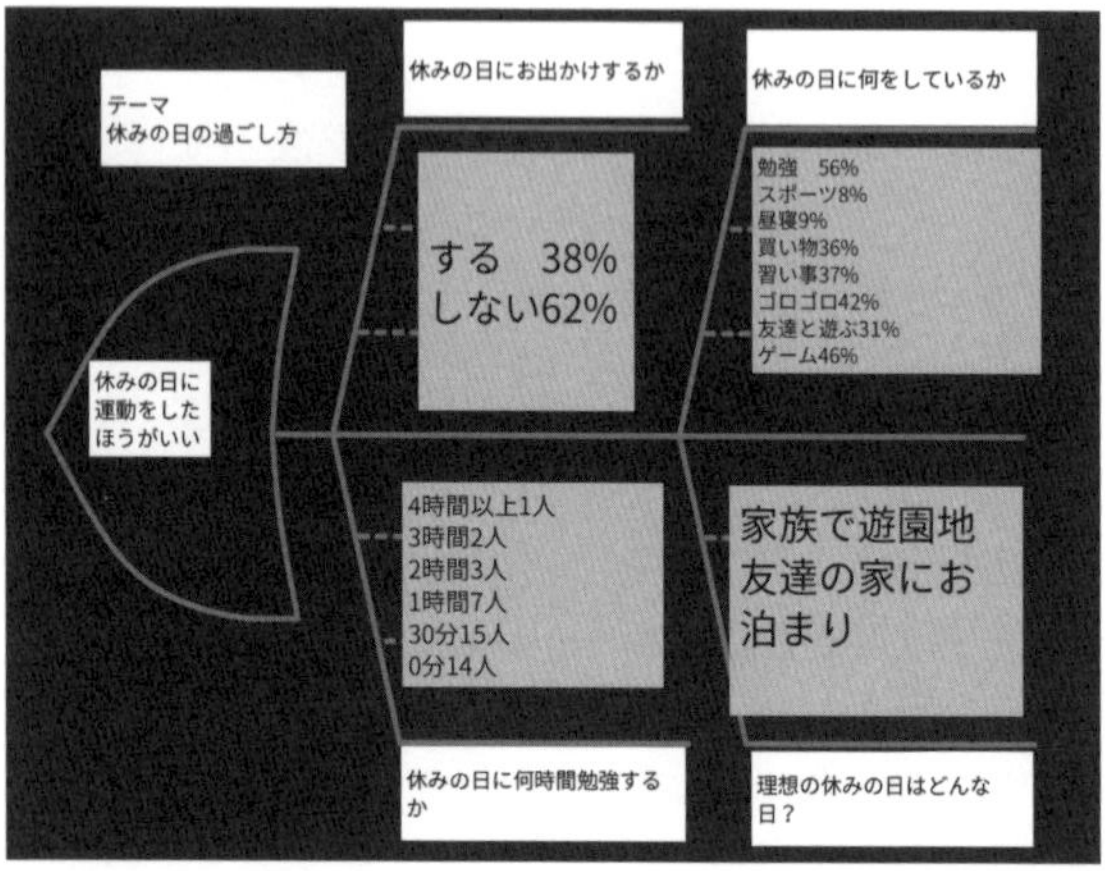

発表原稿を書く前に、フィッシュボーン図を使って原稿を整理することが有効です。調べたことを整理・分析をした後、「それでは、グループでフィッシュボーン図に発表内容をまとめましょう」と伝えます。子どもたちは、フィッシュボーン図をグループで作成します。フィッシュボーン図を作成するプロセスで、子どもたちは伝える内容を決めたり、伝えたい内容とのつながりを意識したりすることができます。そして、発表内容の全体像を可視化することができます。

テーマを記入したら、フィッシュボーン図の頭の部分に、自分が伝えたいことを記入します。次に、上の図の上下の白い枠の部分に、アンケートの質問内容を記入します。そして、各内容のところには、アンケートの結果を記入します。

このフィッシュボーン図が完成すると、発表がしやすくなります。発表用のワークシートを教師が作成することも可能ですが、フィッシュボーン図は汎用性が高くおすすめです。本単元だけでなく、他の様々な学習の発表場面でも、論理的な発表につなげることができます。

プレ発表をしてから原稿を書かせる

フィッシュボーン図ができたら、いよいよ発表原稿の作成です。しかし、子どもたちにとって発表原稿の作成は難しいものです。

そこで、子どもたちが原稿を書く前に、プレ発表を行います。プレ発表とは、書かれた原稿を読むのではなく、フィッシュボーン図を見ながら、発表内容を話してみる活動のことです。フィッシュボーン図さえあれば、見出しや内容をつなげることで、ある程度は発表することが可能です。

まず、ペアになり、30秒などと時間を決めて、フィッシュボーン図を見ながら発表させます。聞き手はそれを聞いてアドバイスをします。ペアを変えて何度か繰り返すことで、自分の発表の内容が整理されていきます。そのうえで発表原稿を書かせると、スムーズに書くことができます。

「書くこと」というのは、だれにとっても負担が大きいものです。書くためには、伝える内容を精査し、順番を決めなくてはいけません。しかも、一度書くと、何度もやり直すのは容易ではありません。それに対して「話すこと」というのは、文字を書くという作業に比べて簡単であり、また、何度もやり直すことが可能です。何度も話をしてから原稿を書くことで、よりよい発表原稿を書くことができます。

最後に、「はじめ」の段落の工夫を確認して、原稿は完成です。

なお、「話すこと」は「書くこと」と違って、その場での修正が容易です。発表においては、読み原稿に縛られることなく、聞き手の反応や様子に合わせて、話し方や伝え方を工夫することも指導したいところです。

第４章　話す・聞く②【中学年】

質問するなどして情報を集めたり、それらを発表したりする活動

5つの言語意識をもたせる

「相手意識」をもたせる

自己表現することとは、発表に自信のない子にとって、とても勇気のいることです。また、あまり机に向かうことが好きではないなぁという子にとっては、とても根気のいることです。したがって「話すこと・聞くこと」や「書くこと」の学習は、はじめに子どもが「がんばろう!」と思えるような状態をつくることが、学習の成立や充実のためにとても重要です。それは、相手に「質問」し、それを活用するという活動においても同様です。

そこで、まず子どもたちに5つの言語意識をもたせるようにします。

その第一は「相手意識」です。だれのために活動を行うのかをはっきりさせるということです。

大人でも、子どもでも、自分のためになることならがんばることができますが、「大事な相手のため」であれば、その意欲は自分のため以上に大きなものとなります。

例えば、みんなで行って、楽しく、そして、勉強になった社会見学の思い出を、見学に行っていないお母さんに伝えるという相手意識をもった場合には、見学の思い出を作文に書いて先生に出す場合よりも、子どもたちの意欲は確実に高まります。

「目的意識」をもたせる

相手意識をもたせたら次に、「目的意識」をもたせます。

社会見学の話をお母さんに伝えるということであれば、「見学に行っていないお母さんが、見学に行った気持ちになるように」という「相手がどういった状態になってほしいのか」までを目的の射程にします。

「見学に行っていないお母さんに、見学したことを伝える」という目的意識と比べると、「見学に行っていないお母さんが、見学に行った気持ちになるように伝える」の方が、まず子どもを、見学時のとっておきの体験を見つけようという意識に向かわせます。また、会話や情景描写を含むエピソードを入れるといった表現の工夫をしようという意識にも向かわせます。

一方、相手意識は「自分にとって大切な人」と設定することが最も活動への意欲を高めるものですが、目的意識を子どもにとって「強い必要感のあるもの」にすることで、自分にとって大切な人以外を相手とした場合にも意欲を高めることができます。

例えば、校内読書週間を前にしたとき、「まず、たくさん読書をすることで、心がとても温かくなる。だから読書はとても大切である」ということを子どもと共有します。「でも、自分が知っている本はそんなに多くない。だから、自分が読んでみたい本を友だちと聞き合い、自分の選書に生かそう」という意識をもたせます。

この場合、活動を通した先の相手は自分自身です。たくさん本を読むことが自分の心の豊かさにつながるという目的をもたせることで、意欲を高めています。

つまり、「これから行う活動は自分にとってとても価値の高いものだ」という「活動の価値づけ」を行うことが、意欲、また、必要感を喚起するわけです。

相手意識と目的意識、まずはこの2つがはっきりしていることが、子どもたちのモチベーションを高めることにつながります。また、活動の焦点化にもつながります。

「場・状況意識」「方法意識」「評価意識」をもたせる

「場・状況意識」は、どのような場や状況で、活動の成果を発揮するのかという意識です。

例えば、社会見学のことに関する活動であれば、参観日に1人3分でスピーチするとか、愛読書に関する活動であれば、友だちに質問して魅力を聞いた本を実際に読んでみるといったことです。この意識が具体化しているほど、子どもは活動のゴールのイメージがはっきりします。

「方法意識」は、友だちの愛読書を聞いて、もっと詳しく知りたいことを突っ込んで聞くというように、どのようにして活動を展開していくかという意識です。

「評価意識」は、どのような状態まで目指すかということです。

相手意識、目的意識を示すだけでは、国語の指導事項で求められる力の獲得まで、子どもたちに見通しをもたせることはできません。残り3つの意識がはっきりしていることで、子どもたちは、国語の指導事項に関わって、何を、どのように、どの程度できればよいのかを具体的にイメージすることができます。

質問の観点をもたせる

「もっと知りたいことを質問しましょう」では質問はできない

「質問するなどして情報を集めたり、それらを発表したりする活動」には、大きく2つの活動場面があります。

1つは、郵便局の方などのお話を聞き、もっと詳しく知りたいことについて質問して、わかったことを学級全体など複数の聞き手に向けて発表する活動です。

例えば、社会科の授業の中で、スーパーマーケット、消防署、警察署等に見学に行き、説明を聞いて、詳しく知りたいことを質問してまとめたことを発表するといった活動や、総合的な学習の時間の中で、街の商店街に行き、店主さんの説明を聞き、詳しく知りたいことを質問してまとめたことを発表する活動に発展していくものです。

もう1つは、複数の聞き手に向けて発表するかまでは授業者の単元計画の裁量によりますが、友だちの愛読書に関することを聞き、詳しく聞きたいことを質問し、自分の読書生活に生かすといった、質問して聞いたことを自分に取り込んでいく活動です。

いずれの場合にしても、教師は「もっと知りたいことがあれば、子どもはどんどん質問していくだろう」と思いがちですが、実際はそうではありません。

郵便局に行き、郵便屋さんが手紙を配達するときに気をつけていることを聞いて、その後、子どもたちがもっと知りたいことについて詳しく質問するという機会を設けたとします。郵便局に勤めておられる方の中には、せっかく子どもたちが勉強しに来てくれたのだから、たっぷりと勉強していってほしいという願いをもち、たくさんのことをお話ししてくださる方がいらっしゃいます。

説明の後、質問の時間になります。

一生懸命話を聞き、メモを取っていたにもかかわらず、子どもたちからは1つも質問が出ない。こういったシーンはよくあることです。

忙しいお仕事の時間を割いて熱心に説明してくださった方に、「自分の説明が難し過ぎたのかな」という思いや「子どもたちはあんまり興味がないのかな」という思いを抱かせてしまいます。

引率した教師も、「子どもたちはやる気いっぱいで来たのに、メモもたくさんしていたのに、おかしい。初対面の方で緊張しているのだろうか」などといろいろなことを考えてしまいます。

でも、子どもたちの多くは、話が難しくて理解ができなかったり、興味がなかったり、緊張しているせいで手をあげられなかったりするのではありません。

子どもたちが心の中でつぶやいているのは、

「なんて質問していいかわからない…」

です。

では、どうしたら子どもたちの「なんて質問していいかわからない」という嘆きを解消することができるのでしょうか。

この課題を解決するために必要なことは、言い換えれば、与えられた情報をそのまま受け入れきってしまうのではなく、さらに深く知るために必要な「質問の観点をもつ」ということです。

質問の基本は5W1H

たいていの場合の質問は5W1Hの観点から成り立っています。

①いつ……When
②どこ……Where
③だれ……Who
④何……What
⑤なぜ……Why
⑥どのように…How

これらの5W1Hの観点を意識することによって、自分が聞いた説明を確実により詳しく聞くことができます。

先ほどの郵便局の方の説明に対する質問を考えてみます。

郵便局の方が、次のように説明をしたとします。

この郵便局では、毎日数回、地域を回って、ポストに入れてあるはがきや封筒を集めて来ます。

このとき、「毎日数回、地域を回って」について、質問の観点「何」に関わって、「何回回るのですか?」という質問を行うことができます。

また、同じ箇所について、質問の観点「いつ」に関わって、「何時ごろ回るのですか?」という質問を行うことができます。

さらに、質問の観点「なぜ」に関わって、「なぜ1日に何回も同じところに行ってはがきや封筒を集めるのですか?」という質問を行うこともできます。

このように、5W1Hの観点をもつことで質問を考えることができますし、1つの情報に対して、様々な角度から詳しく情報を手に入れることもできます。

したがって、例えば、郵便局に行ったときに聞きたいことを考えさせる授業の際には、「郵便局の方に聞きたいことを書き出しましょう」と指示するのではなく、「5W1Hの観点に沿って、郵便局の方に聞きたいことを書き出しましょう」

といった具体的な観点を入れた指示を出すことにより、子どもたちが質問を考えることへの負担が大きく減ります。

聞いたことに対する考えをもたせる

質問をする際の観点として5W1Hを示しました。もう1つ、話を聞き、質問する際に子どもたちに意識させるべきことがあります。

それは、説明を聞き、質問をした後に、「自分の考えをもつ」ことです。

質問をすることは、それ自体が目的となるのではありません。自分が知りたいことを獲得するための手段です。

しかし、質問の仕方の学習を丁寧に、一生懸命行っていると、いつの間にか、たくさんの質問の観点を身につけること自体が、子どもや教師の目的になってしまう場合があります。

説明を聞いて、質問をしたら、説明してくださった方に対して感想を伝えたり、自分が聞いたことに対して思ったことをまとめたりする指導が必要です。

■主な関連教材
・3年「メモを取りながら話を聞こう」(東京書籍)
・4年「聞き取りメモのくふう」(光村図書)

正確に聞き取る力を鍛える

聞き取ったことを端的にまとめる

社会見学に行く際、「見学のしおり」を作成して子どもに持たせることはよくあります。「見学のしおり」には、「メモ　お話を聞いてわかったことを書こう」といったタイトルをつけた大きめのテキストボックスを入れることもよくあります。

複数のクラスで見学に行った際、見学先で説明されたことを端的に記録する術を事前に学習しているクラスと、そういったことはまったく学習せずに見学に臨んでいるクラスでは、メモ欄に書かれている内容の質が大きく異なります。

事前学習をしているクラスの子どもたちのメモは、すっきりと要点がまとめられているものが多いです。

これに対して、事前学習をしていないクラスの子どものメモは、はじめの見学地では枠いっぱいに書き込まれているけれど最後の見学地でのメモはスカスカになっていたり、枠からはみ出すほどたくさん書き込まれているけれど話を最初から最後まで記録しようとするため速度が追いつかず、中途半端な内容になってしまっていたりするものが多くみられます。

これでは、話の内容の骨子を捉えることができていないため、話を聞き取り、そのうえで質問をするということは到底できません。

したがって、質問する力をつける前に子どもたちに身につけさせておかなければならないのは、人の話を確実に聞き取り、記録する力であると言えます。

その力をつけるために、2つ大切なことがあります。

1つ目は、端的な記録の方法を身につけさせることです。

端的な記録の方法は、東京書籍の教科書では3年の教材「メモを取りながら話を聞こう」に、光村図書の教科書では4年の教材「聞き取りメモのくふう」に示されています。

東京書籍版には、端的なメモを取るための要点として、「小見出しをつけること」「箇条書きで書くこと」「話のまとまりごとに番号をつけて整理すること」などが示されています。

光村図書版では、「話題を小見出しにする」「活動を㊺にするなど略号を使う」「関連するものを引き出し線でつなぐ」「単語で書く」「ひらがなで書く」「大事な言葉は囲む」といったことが示されています。

子どもたちに定着させるためには、これらのことを教師が口頭で説明するだけでは、到底不十分です。体験を通した記録の仕方の発見と理解が必要になります。

まず子どもたちに、話の要点を正確に、速くメモするように指示し、教師が朝起きてから学校に来るまでといった日常生活に関することを述べます。このとき、子どもの記録する速さに合わせてゆっくり話すのではなく、適度な速さでどんどん話していきます。

話し終わったら、まず、話の内容を正確に聞き取れていたかを確かめるためのテストをします。その後、子どもたちに「正確に、速く」メモするために、どんな点について工夫したかを尋ねます。いくつか工夫が出されたら、その工夫がなされているか、隣の席の子同士で見合わせます。机間指導で、この段階ですっきりとしたメモを取れている子を見つけたら、全体に紹介すると、他の子にも「自分もがんばるぞ」と刺激になります。

端的な記録の要点を共通理解できたところで、学んだ要点を使うよう指示し、もう一度教師の話を聴写させます。その後、隣同士で1回目から伸びた点を見つけさせ、ほめ合うようにします。このときも、机間指導で、特に1回目の活動から伸びた子を見つけて、全体に紹介します。

記録する力をつけるための2つ目は、人の話を聞き取る機会をもつことです。

社会見学などを控えている場合には、見学先の方の話をあらかじめ聞かせることが最も効果的です。

見学に行く場合、教師は事前に見学地に行き、担当の方と打合せをします。その際、相手の方に趣旨を説明し、許可を得たうえで、見学の際の注意事項などを録音させていただきます。教室では、録音したものを流して、子どもたちに記録させます。教師の話す言葉とは、速さも、使用する語彙も違うので、見学地の雰囲気に慣れるという効果もあります。

担任以外の教師に趣味の話を語ってもらい、それを聞かせることも、聞き取りの実践力をつけることにつながります。

質問する力を鍛える

正確に聞き取れ、質問の観点を知っているだけでは不十分

相手の話の要点を端的に記録できるようになり、質問するための観点を意識できるようになると、教師は「子どもたちは、相手の話の内容を正確に聞き取ったうえで質問することができる状態になった」という意識になります。

そこで、教師がモデルの文を使って話し、それに対して子どもたちに即座に質問させる活動を行ってみます。

「今朝、先生は、おいしい朝ご飯を食べてきました」程度の短い一文を1回だけ伝えます。

そして、「5W1Hを使って質問してみてください」と子どもたちに投げかけます。す

ると、すぐに「朝ご飯では何を食べたのですか？」といった質問がなされます。

そこで、「ハムエッグとトーストとコーンポタージュスープです」といった答えを述べた後に、「先生の今の話に対して、1分間で1人5つずつ質問を考えてください」と指示をします。

1分経ったら、5つの質問ができたか隣同士で確認させたうえで、全体で確認します。5つ以上質問を考えられた子もいますが、1つ、2つといった状態の子もいます。

この活動のねらいは、正確に話を捉えられ、質問の観点をもっていても、どんどん質問するのは難しいということを、子どもたちに自覚させることです。

子どもたちは普段、先生の話を素直に最後まで聞き、そこから意をくみ取って行動するように育てられています。また、教師の話の内容が不十分であり、子どもの行動が想定するものとは違った場合にも、教師が補うようになっています。

したがって、子どもたちがどんどん質問するような機会は、日常の学校生活の中ではあまりありません。社会見学に行く見学地について詳しく知りたいという意欲があり、トレーニングしなくても見学地でどんどん質問できる子もいますが、そういった子は限られます。説明を聞いて、質問する感覚を磨くためのトレーニングをすることで、クラスの一人ひとりが、どんどん質問することができるようになります。

みんなで質問力をつける

クラス全体で、1つの文章に対する質問を考えます。次のような文章を示します。

> 先生の趣味は釣りをすることです。休みの日にはよく海に行って半日釣りをします。先生がよくする釣りは、ルアーフィッシングです。釣った魚は家で食べます。

このときに示す文章には、2通りの考え方があります。

1つは、社会見学などの見学地に関するものです。下見に行った際に施設等の方から伺ったことを基にしたり、いただいたパンフレットの内容を基にしたりして構成します。この方法を使うと、見学地に行ったときに子どもたちにしっかりと捉えさせたいことについて事前学習をさせることができます。もう1つは、子どもたちも話せる内容をもっているものです。この方法を使うと、全体でのトレーニングをした後、隣同士など、少人数でのトレーニングを行うことにつなげやすいです。

いずれの場合でも、１つ入れておきたいのは「難しい言葉」です。例文では「ルアーフィッシング」です。特に、社会見学の場合、専門的な言葉を聞くことがよくあります。例えば、下水処理場で「曝気槽《ばっきそう》」という言葉を聞いたとき、「よくわからない難しい装置」と理解をあきらめるのではなく、難しい言葉を聞いたときこそ反応する態度を育みたいものです。

教師からモデルの文章を示す際には、口頭で伝えるとともに板書します。また、５Ｗ１Ｈの質問の観点も示します。

子どもたちからは、５Ｗ１Ｈの観点に沿ってどんどん質問を出させていきます。このとき、難しい言葉の意味を問う質問以外に、「釣りは先生にとって『どのような』ものですか?」、あるいは「『なぜ』釣りをするのですか?」など、相手の「思い」を尋ねる質問をできるようにします。そうすると、実際の見学等でも「思い」を聞くことで、事実だけでは伝わらない仕事に対する使命感等を感じることができます。

教師モデルの活動の後、少人数での活動を行い、質問することに慣れさせていきます。

本番で確実に話を聞き取り、質問できるようにする

メモと質問観点シートをつくる

「質問して情報を集める」活動は、クラスの中でお互いの話を聞き、質問し合う場合と、外に出て話を聞き、質問する場合の２つがあります。

クラスの中でお互いの話を聞き、質問し合う活動と、外に出て話を聞き、質問する活動では、聞いた話のメモシートのつくりに違いがあります。

クラスの中でお互いの話を聞く場合には、それぞれが聞く立場となる場合もありますし、話す立場となる場合もあります。したがって、お互いが話をする内容の観点は共通理解されているので、メモシートにも内容の観点を盛り込んだものをつくることができます。

第4章
話す・聞く②
【中学年】

(　　　　　　)さんの好きな本を知ろう

こうもく	説明	質問と答え
好きな本の名前		
あらすじ		
特におすすめなところ		

いつ、どこ、だれ、なに、なぜ、どのように
を使ってくわしく聞きましょう

(　　　　　　　)についてくわしく知ろう

いつ、どこ、だれ、なに、なぜ、どのように
を使ってくわしく聞きましょう

前ページ上段のメモシートは、「愛読書を知り合う」活動用のものです。「好きな本の名前」「あらすじ」「特におすすめなところ」の3つの観点については、各自説明するところなので、メモシートにもあらかじめ観点を示します。そうすることで、聞いた内容を整理して記録することができます。また、それぞれの内容の横に質問と答えを書き込める欄をつくることで、詳しく聞いた内容の整理もしやすくなります。

前ページ下段のメモシートは、外に出て話を聞き、質問するためのものです。

上の枠（空欄）には、説明していただいたことを端的にメモしていきます。話の内容の観点は入っていません。

例えば、子どもたちから事前学習のときに出された質問を基に、郵便局の方に「天候の悪い日の郵便物の配達の仕方について教えてください」などのようにあらかじめ依頼しておけば、依頼内容に沿って話をしてくださる場合もあります。その場合には、タイトル欄の「（　　　）について」の箇所の具体性は高まります。しかし、それ以上具体的な内容に関する観点を依頼するのは難しいものです。

また、メモシートに、内容に関する観点を詳しく入れても、それが実際の説明内容とずれていた場合には、観点を入れることがかえって学習を阻害する結果になります。

したがって、メモシートはシンプルなつくりにします。最初の説明を聞いた後、５Ｗ１Ｈの観点で質問し、回答していただいたこともメモシートに書き込んでいきます。話を聞き取るトレーニングや、質問するトレーニングの際に、本番で使う仕様のメモシートを使って練習しておくことが必要になります。

チームワークを生かした質問

社会見学等で説明を聞いたときに、子どもたちが質問できない原因の１つとして「環境の違いに対応できない」ということがあります。

教室は、子どもたちにとって教師をはじめ他者の話が聞きやすく、机があるので記録も取りやすい環境です。教師も、子どもたちが話についてくることができているかをモニターしながら、理解しやすいように話をします。しかし、例えば市場に行くと、子どもたちは時折後ろに大型トラックが通り、所々説明してくださる方の声がかき消されるような環境で立ったまま話を聞きます。説明してくださる方の雰囲気も担任とはまったく異なります。説明のスピードも違うことが多いでしょう。子どもたちの中には、こうした環境の違いに気後れしてしまう子もいますし、メモを取るだけで精一杯の子もいますし、珍しいものが目に入り説明よりもそちらに意識がいってしまう子もいます。

そこで、教室での事前学習の際にも、下見に行ったときに撮影させていただいた見学地の写真等を、見学地で新鮮な驚きをもたせることに差し支えない範囲で示し、子どもたちができるだけ落ち着いた気持ちで説明を聞けるような状態をつくることが必要です。

しかし、そのような配慮をしても、実際の場面で落ち着いて話を聞き、質問することは難しいものです。

そこで生かしたいのが、チームワークです。

例えば、市場の方の説明を聞くときに、グループ内で、「いつ」の質問をする子、「どのような気持ち」の質問をする子…のように担当を決めておきます。その際、1つの観点の質問について複数の担当を決めておくと、1人の子が質問できなくても、別の子が質問するといったことができます。

グループのみんなのためにがんばろうという気持ちをもたせることで、どちらかといえばやんちゃな子が積極的に質問し、仲間を助ける姿を見ることもできます。

第5章　話し合う【中学年】

互いの考えを伝えるなどして、グループや学級全体で話し合う活動

■主な関連教材
・3年「グループの合い言葉をきめよう」(東京書籍)

話し合いの進め方を確認する

ゴールを確認する

話し合いの学習をする前に、何のために話し合うのか確認しておきましょう。
話し合いは、次のために行います。

最後、1つに決める。

たくさんの意見の中から1つに決める方法はいろいろあります。
例えば、じゃんけん、くじ引き、先生に決めてもらう…などです。
一般社会では、話し合いによって決められることが多いのは、先生方ならご存じでしょう。ですから、子どもたちに次のように話します。

「いろんな意見が出たときに、全部の意見を『いいよ』って言うわけにはいかないことがあります。どうしても1つに決めないといけないときがあります。そんなときは、話し合いで決めます。話し合いで決まらないときは、多数決を取ります。人数の多い方に決めるのです。例えば、国会という国の会議でも多数決は使われています。多数決に文句を言ってしまうと、けんかや暴力、戦争になってしまいます。このように、話し合って大事なことを決めることを『民主主義』ともいいます」

進め方を確認する

子どもたちは、話し合いというと、「意見を言い合えばいい」と思っている場合があります。こうなると、活発に意見を言う子どもや影響力の大きい子どもの意見がそのまま通ってしまいます。国語の教科書にも話し合いの手順が示されているので、それを参考にするとよいでしょう。ここでは、例として、次のような話し合いの進め方を示します。学級全体での話し合いもグループでの話し合いも基本は同じです。

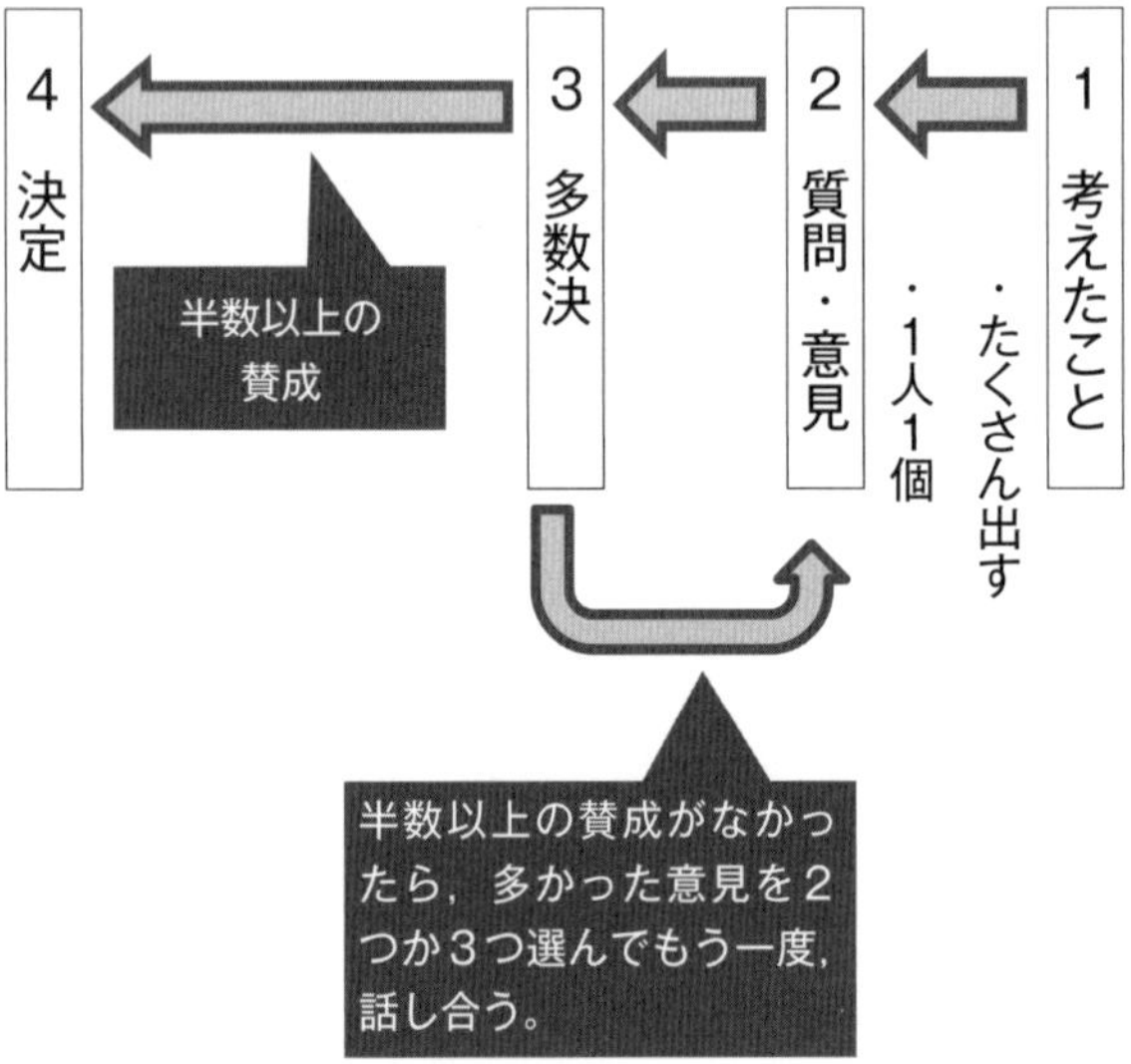
1 考えたこと
・たくさん出す
2 質問・意見
・1人1個
3 多数決
4 決定
半数以上の賛成
半数以上の賛成がなかったら，多かった意見を2つか3つ選んでもう一度，話し合う。

議題は、教科書の例に則って、運動会の合い言葉を決めることにします。

まず、「考えたこと」を出させると、「チームワークでがんばろう！」「みんなで協力しよう」「全力を出そう」などが出てきます。できるだけたくさん出させます。原則として、1人1個にしておきましょう。後の多数決を取るときに1人1票になるからです。

次に、「質問・意見」を聞きます。出された合い言葉について、いろいろな質問や意見を子どもたちに発言させます。「チームワークって何ですか？」「協力って、チームワークと同じだと思います」「全力を出すのは当たり前だと思います」などが出るでしょう。学級の実態に応じて、質問と意見は分けてもよいでしょう。質問や意見が出尽くすまで、時間の許す限り子どもに発言させるのが、話し合いの力をつけるポイントです。

そして、多数決を行います。「この合い言葉がいいと思う人？」などと聞き、どれか１つに手をあげさせます。そして、数を書いておきましょう。

ここで過半数を超えれば決定です。「違う合い言葉がいいと思っている人もいるでしょう。でも話し合いで決まったことです。その意見が悪かったわけではありませんよ。考えを出してくれたことは、すてきなことです。今回はみんなでこの合い言葉で運動会をがんばりましょう！」とフォローします。

もしも過半数を超えなければ、上位２つ（場合によっては３つ）で再度話し合いをします（前ページの図のように、「２　質問・意見」の場所に戻ります）。

このような流れを知っておくことで、司会者を中心とした子どもだけの話し合いを進めることができるようになります。最初は図を黒板に示しておくと進めやすいでしょう。

■主な関連教材
・4年「学校についてしょうかいすることを考えよう」(東京書籍)

だれもが司会を上手にできるようにする

いろいろな意見を求める

中学年の話し合いの学習では、司会も子どもに任せます。

話し合いは、司会の進行がとても重要です。司会によって話し合いが成功するかどうか決まると言ってもよいくらいです。ですから、司会をする子どもは、どうしても学級の中のリーダー的な子どもに偏りがちです。

ここでは、だれもが司会を上手にできるようにするための言葉かけについて紹介します。例として、4年「学校についてしょうかいすることを考えよう」(東京書籍)から議題を考えます。

司会をしていて困るのは、発言が少なかったり、意見を言う子どもが偏ったりするとき

です。教師が司会をしていれば、いろいろな手立てができるのですが、はじめて司会をする子どもであれば、なかなかうまくいきません。そのために、いくつかの話型を教えておきます。

まずは、意見が出なくてもあわてないことです。意見が出ないと司会者は焦ってしまいます。でも、意見が出ないのは、よく考えているからである場合もあります。ですから、次の心構えを伝えておきます。

意見が出なくても、15秒は待つ。

これくらい待っても意見が出なければ、次

のような言葉かけをするよう伝えます。

「他に意見（質問）はありませんか？」

これですぐに意見が出なくても、また15秒は待たせます。それでも意見が出なければ、多数決を取るなど、次の話し合いの段階に躊躇せず移るようにします。

違う提案についての意見を聞く

話し合いは、対立する提案（考え）が出されたときに成立します。
時には、１つの提案について意見が偏る場合があります。
そんなときは、挙手している子どもを指名する前に、次のように言わせます。

「他の提案について意見はありませんか？」

すると、違う提案に対する意見が生まれ、提案を比べることができます。

反対意見に再反論する

話し合いでは、提案に反対する意見も出てきます。反対意見を言いっぱなしにさせないために、反対意見が2回続いたら、次のように言わせます。

「反対意見が続けて出ましたが、○○の提案の人、どうですか？」

これで、意見のやりとりが生まれます。反対意見が続くと、反対された側は言いにくくなりますが、司会のこの発言で再反論しやすくなります。

挙手していなくても指名する

話し合いをすると、何も意見を言わず、聞いているだけの子どもが出てきます。そんな子どもを、いわゆる「お客さん」の状態にしないために、司会の子どもに次のように意見を求めるように伝えます。

「○○さん、今どう思っていますか？」

挙手していなくても構いません。司会者が、まだ意見を言っていない友だちを指名するのです。「挙手しなくても当てられることがある」という緊張感によって、話し合いが他人事ではなく、自分事になります。

指名された子どもが意見を言ったら、教師が「よく言えたね」とほめてあげましょう。意見が言えなくても、次のように教師がフォローすれば大丈夫です。

「話し合いの授業なので、ぜひ全員の声を１回は聞かせてください。『私は〇〇に賛成です』だけでも構いません。『今、考え中です』でも構いません。『考え中』の場合は、後で何か意見を言ってくださいね」

司会者が、子どもたち全員が発言するように意識することで、話し合いが一部の子どもだけでなく学級全体のものになります。

また、普段の授業などでの担任の話し方を司会の子どもたちは自然と真似します。教師の授業が子どもたちのモデルになることを意識しておきましょう。

■主な関連教材

・4年「学校についてしょうかいすることを考えよう」（東京書籍）

学級全体とグループの往復で話し合いを深めさせる

先にグループで意見をまとめる

学級全体で話し合いをする際、議題をみんなに示し、すぐに意見が出るようなものばかりではありません。

4年「学校についてしょうかいすることを考えよう」（東京書籍）を例にします。ここでは、4年生が来年入学してくる子どもたちに学校説明会で学校紹介をすることになっています。学校のどんなことを紹介しようかと考えても、すぐに提案が思いつかないことがあります。

そんなときは、学級全体での話し合いより先に、グループでの話し合いをさせておくと効果的です。

人数は学級の実態によりますが、４〜５人で１つのグループが目安です。
例えば、４つのグループから次のような提案が出たとします。
①広い体育館を紹介したい。
②学校図書館にたくさん本があることを紹介したい。
③大きなプールがあることを紹介したい。
④３階からの眺めがとてもいいことを紹介したい。
これらは一度グループ内で話し合っているので、多くの子どもの意見が集約された形になっています。

事前にグループで話し合っているので、グループの数が提案の数になります。最初から学級全体で話し合う場合よりも少ないので、より集中的に話し合いができます。

グループ内で意見を言い合う

学級全体で話し合っていても、なかなか意見がまとまらないことがあります。

また、白熱した話し合いが一部の子どもの間だけでなされたり、意見がなかなか出なかったりする場合もあります。

そんなときは、次のように話します。

「今から3分ほど、グループで意見を言い合ってもらいます。今、自分が考えていることを友だちに聞いてもらいましょう」

こうして一度、学級全体の話し合いから少人数グループの話し合いに切り替えることによって、学級全員に自分の意見を声に出させてみます。時間は、指示にある通り、2〜3分程度で構いません。

時間が来たら、次のように話します。

「それでは全体での話し合いに戻ります。今、グループの中で話したことをそのまま学

級みんなの前で発表すれば大丈夫ですよ」

グループで話したことをもう一度学級全体に話せばよいので、子どもにとって、話し合いに参加するハードルがぐっと下がります。

グループ内で意見を決める

前ページのようにグループ内で意見を言い合うだけでなく、グループで意見を決めてしまうということも考えられます。

前出の①〜④の例だと、どれか１つに決めてもよいですし、学校を紹介する時間との兼ね合いで①〜④の２つ選ぶということも考えられます。

話し合いは最後、多数決を取ることが一般

的ですが、グループで考えを決めることも有効です。

同じ考えの人でグループをつくる

グループで話し合いをするときのグループの決め方は、座席の近い子ども同士だけではありません。

例えば、次のように指示して、①〜④の意見ごとに子どもを集め、グループをつくることも考えられます。

「①の意見の人は廊下側の教室の前のあたりに集まりましょう。

②の意見の人はベランダ側の後ろ側に集まりましょう。

③の意見の人は…。

④の意見の人は…」

そして、次のように、話し合いの内容を伝えます。

「同じ意見の人同士で、自分たちの意見のどんなところが他の意見よりもよいのか相談してみましょう」

このように一度同じ意見の人が集まることで安心することができますし、よりよい意見を出しやすくなります。

いったんグループで話し合いをすることで、学級全体では意見が言いにくい子どもも、グループの中で自分の意見を話す経験ができます。自然とその後の学級全体の話し合いが主体的なものになっていきます。

■主な関連教材

・4年「学校についてしょうかいすることを考えよう」（東京書籍）

質問と意見を分けて発言させる

質問と意見は区別する

話し合いの場面で司会者が次のように言うことがあります。

「何か質問や意見はありませんか？」

質問と意見は違いますが、話し合いの中で質問と意見が混ざって発言されると、論点が絞りにくくなります。

質問と意見をきちんと分けておくと、話し合いの時間が有効に使えますし、話し合いの内容もより深まります。

そこで、「質問や意見はありませんか？」と尋ねるのではなく、次のように尋ねさせます。

最初に「質問はありませんか?」と尋ねる。
次に「それでは、意見はありませんか?」と尋ねる。

質問と意見を区別するだけで、学級全体での話し合いがスムーズになります。

質問する

話し合いでの質問とは、知らない人が知っている人に、わからないこと、もっと詳しく聞いてみたいことを尋ねることです。

この後の意見を言うための土台づくりとなるのが質問とも言えます。

例えば、4年「学校についてしょうかいすることを考えよう」で、新入生に紹介する提案の中では次ページのような質問が出されます。

Ｑ「どうして体育館がよいと思ったのですか？」
Ａ「幼稚園や保育園よりも大きいからです」
Ｑ「体育館の何を紹介するんですか？」
Ａ「体育館全体の広さがあることや倉庫には跳び箱やマットがあることを紹介します」
Ｑ「図書館では、どんな本を紹介するんですか？」
Ａ「幼稚園や保育園の子どもたちが喜びそうな絵本があることを紹介します」

このように質問と答えを言ってもらうことによって、提案した内容や提案した人の考えをあらかじめ知ることができます。

意見は自分の考えを伝える場

話し合いで出される意見は、大きく2つに分かれます。

①ある提案に賛成の意見
②ある提案に反対の意見

①は、この提案がどうしてよいのか、どれだけ優れているかを示すものです。
②は、この提案がどうしてまずいのか、どれだけ他の意見がよいのかを示すものです。
意見にはこの２つがあることを伝え、「賛成か反対か言った後には、必ず理由を言えるようにしようね」と話します。

例えば、次のようなやりとりになります。

「私は、体育館を紹介することに賛成です。校舎や校庭は外から見ることができるけど、体育館は見ることができないからです」

「私は、体育館に反対です。体育館は運動が好きな子どもにはいいかもしれないけれど、運動が好きじゃない子どもはあまり興味がないからです」

「私は、図書館に賛成です。図書館には絵本だけじゃなく、他にも図鑑などがあるからです」

反対意見には対案を示す

話し合いが白熱すると、反対の意見を強く主張する子どもも出てきます。

そうした反対意見の応酬になっては、話し合いによって1つに決めるという目的から遠ざかってしまいますし、人間関係がまずくなってしまうこともあります。

そこで、反対意見を言うときには、対案を示すことを指導します。

司会の子どもに、次のような言葉かけをさせます。

「反対意見が続いているのですが、何か代わりのアイデアはありませんか?」

「お互い、『もっとこうしたらよくなる』という意見はありませんか?」

すると、次のような意見が出てくるようになります。

「私は体育館を紹介するのは反対です。跳び箱やマットを見せても魅力が伝わらないからです。もし体育館にするのなら、大きなバスケットボールを見せたり、高いところにあるバスケットゴールを紹介したりすればいいと思います」

話し合いは、最終的に1つの提案に決めることを目的にしていますが、このように、よりよい意見につくり上げることも話し合いの大切な目的です。

加えて、反対する意見に対して次のように言うこともできます。

「自分とは違う意見だけど、友だちの意見を聞いていて『なるほどなぁ』と思った意見

はありませんか？」

話し合いの単元では、友だちの意見をどれだけ聞いていたのかも、大事な評価のポイントになります。

第6章　話す・聞く①【高学年】

意見や提案など自分の考えを話したり、それらを聞いたりする活動

よい聞き手を育てるために、「聴く」ことを大切にする

「聞く」と「聴く」

高学年になると、一般的には「聞く」ことができる個人、あるいは集団になっていることが多いと思います。ただし、注意しなければならないのは、「聞き流し」をしていないかどうかということです。

ここでいう「聞き流す」とは、思考を伴わない行為としての「聞く」ということです。授業場面の多くの時間で、子どもたちは「きく」ことを行っています。教師の教授行為、仲間との対話、あるいは仲間の発言やそれに対する仲間の反応…。その「きく」を「聞く」ではなく、「聴く」に変容させていくことがよい聞き手を育てるのです。

では、「聴く」とはどういうことなのでしょうか。筆者が日々ご指導いただいている勤

務校の校長先生は、次のように仰っています。

「『聴く』とは、話し手に心を寄せるということです」

共感は当然のこと、反論するような立場であっても、相手に心を寄せる必要があるということです。言い換えると、相手、あるいは相手の話していることに関心をもつということ、無関心ではないということです。この点で、冒頭で触れた「聞き流す」状況は、相手に心を寄せているとは言えないでしょう。

近年、若い先生方を中心に、「学級経営に悩んでいる」という声を耳にすることが多くなりましたが、そういった悩みの背景にも、学級集団が「聴き合えていない」状況があることが考えられます。「聴く」ために、あるいは「聴き合う」集団になるために、まずは、教師自身が子どもたちの声を「聴く」ことから始める必要があります。

子どもの一番のモデルは、教師です。子どもの声を、できる限り、優しく、おだやかな眼差しで聴くようにしたいものです。

聞くことの背景に、思考を伴わせる

前ページで、「聴く」ことが相手に心を寄せることだと述べましたが、さらに考えるべきことがあります。それは、「相手の何に心を寄せるのか」ということです。単純に、相手のことが好きだとか苦手だとか、そういったことではありません。相手の話の内容に心を寄せるのです。

相手の話は、必ずしも自分にとって興味のある話題ばかりではありません。むしろ、その逆のことが多いかもしれません。そこで、子どもたちに次のような思考の技術を身につけさせることが重要です。

①論点思考……白黒つけるのと同等の価値がある重要な問題を見極める思考
②仮説思考……多角的に発想を広げ、ユニークな仮説を導き出す思考
③批判的思考…常に正解だと思い込まずに、ある意味で批判的に検証する思考
④論理的思考…物事を体系的に整理し、筋道立てて矛盾なく考える思考

高学年段階であれば、このような思考の技術を身につけさせておくことで、聞くという行為の質を一段階高めてくれるはずです。

①論点思考は、いわゆる話の中心を捉えることです。ここがぶれてしまうと、思考のすべてに効果がなくなってしまう可能性があるので、大切に指導します。②仮説思考は、「自分だったら」「逆だったら」など、他の見方で（ある意味）自由に発想させることです。これができれば、集団における「取り残し」なく、集団の全員の聞く構えを整えることができます。③批判的思考や④論理的思考は、②仮説思考の後につながってきます。「だってね…、」という感じで、子どもが話し始められるような文脈を意味します。

これら①～④の思考技術は、あくまで一例です。他にも、目の前の子どもたちにとって必要な思考技術があるかもしれません。また、4つに限定せず、他の教科・領域の学習、国語の他の単元と関連させて、思考技術をどんどん増やしていくことができれば、相手に心を寄せられる聞き手を育てていくことができるでしょう。

話すこと、聞くことは表裏一体です。しかし、まずは、聞き手を育てることで話し手を育てていくことが大切です。

聞き手に問い返すチャンスを与えることで、対話を生み出す

他者との対話を成立させるために

主体的・対話的で深い学びの実現が求められていますが、筆者は、「3つの対話」を大切に授業づくりをしています。3つの対話とは、「他者との対話」「学習材（教材）との対話」、そして「自分との対話」です。この3つの対話については、後に「海の命」の実践で詳しく紹介しますが、ここでは、「他者との対話」について述べます。

対話とは、一方向ではなく双方向、例えるなら、ピッチングではなくキャッチボールです。一方、教室には、話すことが得意、あるいは好きな子どももいれば、その逆に、話すことが苦手、あるいは好きではない（場合によっては嫌いな）子どももいます。読者の先生方の教室でもそうではないでしょうか。

こういった前提を踏まえて、話すことが好きな子どもに1つ技術を身につけさせると、対話が成立し、聞き手を育てることにもつながるのです。

例えば、次のような、話すことが好きな子どもがいるとします。

・話し始めたら、止まることなく延々と話し続ける子ども
・同じようなこと（事実や考えなど）を、繰り返し話す子ども
・聞き手に隙を与えることなく、息つく間もなく話す子ども
・だれかが話していたら、そこに割って入ってでも話そうとする子ども

きっと、こういった子どもは、話したくて話したくてたまらないのでしょう。しかし、こういった子どもが話していると、残念ながら、なかなか対話は成立しません。

そこで、このような話すことが好きな子どもに対して、次のように伝えます。

「話したいことが10あったら、そのうちの5だけ話してごらん」

話したくてたまらない子どもの気持ちを逆撫でするように感じられるかもしれませんが、これが聞き手に問い返す（質問などをする）チャンスを与えるしかけになっており、聞き手が話す、つまり対話が生まれるきっかけになるのです。

例えば、次のような場面があったとします。

A　昨日の夜、○○っていうテレビ番組を見たんだけど、ぼくの好きな△△がドッキリ企画のしかけ人になっていて、すごくおもしろかったよ。

B　…。

A　それでね、ドッキリに引っかかった□□が今度は別の人へのドッキリしかけ人になるんだけど、実はそれも□□へのドッキリだったんだよね。

B　…。

話すことが大好きなAさんが一方的に話しているだけで、対話にはなっていません。そんなAさんが話したいことの5しか話さなかったとすると、どうでしょうか。

A　昨日の夜、○○っていうテレビ番組を見たんだけど、すごくおもしろかったよ。
B　へぇ、そうなんだね。どんなところがおもしろかったの？
A　△△っていう芸人知ってる？　実はさ、ぼくはその△△が好きなんだけど、ドッキリに引っかかってしまうんだよ。
B　ぼくも△△大好きなんだ。見ればよかったな。どんなドッキリだったの？　教えてよ。

この後も、2人の双方向的な対話が続くことが想像できると思います。先ほどと異なり、Bさんにも話すチャンスが生まれたのです。Aさんの話がBさんにとって「聴きたくなる」話し方であればあるほど、対話は活性化するでしょう。

他者との対話においては、話し手が一方的に話し続けるのではなく、聞き手とキャッチボールできるような関係性が理想です。こういったトレーニングを、国語の授業だけではなく、日常の様々な場面で意図的に位置づけていくとよいでしょう。

■主な関連教材
・5年「どちらを選びますか」(光村図書)

しかけによって、意見をもたせたり、意見を比べながら聞かせたりする

自分の意見をもたせるためのしかけ

自分の意見をもたせるために、様々な場面で有効な手立てが、「選択させる」という方法です。学校生活の多くの場面で、子どもたちは選択をしています。例えば、「どの委員会に所属するか」「修学旅行でお土産に何を買うか」「図工で思い出の場所を絵画作品にするために校舎のどこをかくか」などです。このことが、自分の意見を明確にもたせるためのしかけになるのです。

5年「どちらを選びますか」(光村図書)は、9月上旬が指導時期のめやすとなっており、2時間扱いです。これをベースに、日常的に子どもたちに選択させることを意図的に仕組みます。最初は、教師から次のような選択肢を与えます。

・朝読書の時間に読む本は、物語限定にするか、自由にするか。
・給食後の歯磨きの3分間を計るのは、砂時計がいいか、音楽がいいか。

比較的だれでも選択しやすい二択から始めること、学校生活に直接的に関わること、選択次第で楽しみが増えること、このようなことを意識して選択肢を設定すれば、高学年の子どもたちならば、自分の意見をもちやすいでしょう。

こういった選択の場面は、あらゆる授業、特に導入において設定することができます。ただし、教師の準備（教材や教具）も重要です。例えば、算数で「この図形の面積を求めるためには、今まで学習したどの方法が使えそうですか」と言って、既習の求積方法を掲示物等で見せる、といったことです。

子どもは基本的に「何とかなりそう」という安心、見通しを欲します。ですから、「こうしたらこうなるだろう」という道筋を選択させてあげることが、自分の意見を明確にもつための条件となり、他者に話してみようという勇気にもつながります。

自分の意見と他者の意見を比べさせるためのしかけ

「どちらを選びますか」では、2つの立場から考えることで、よりよい解決方法が見つかるとしています。その具体として、次のことをあげています。

- ・理由をたくさんあげ、質疑応答を通して2つの立場の違いをはっきりさせる。
- ・互いの意見の良し悪しを比べることで、どちらの考え方に説得力があるかを考える。

これらの「立場の違い」や「良し悪し」を考えることは、実は高度な思考です。

そこで、少しハードルを下げて、「自分とは逆の意見を考えてみよう」と投げかけます。あるいは、「自分の意見が反対されることを想定して、そのうえでメリットとなることを考えてみよう」と投げかけます。このことは、高学年の「書くこと」で大切にすべき「反論想定」という技術です。勝ち負けを決めることや相手の意見を否定することが目的ではなく、「○○というデメリットもありますが、○○という解決策がありますよ」といった、弱点を補い、自分の意見を強固にするテクニックでもあります。

「どちらを選びますか」では、第三者（校長先生役の子どもがいる）のための対話を展開する例が紹介されています。しかし、できることならば、第三者ではなく、自分事になるような対話にしたいものです。例えば、次のような展開はどうでしょうか。

卒業アルバムの個人写真は，全員が決まった場所で撮影するか，自分の思い入れのある場所で撮影するか。

↓ 二者択一の自分事になる問いを設定する

私は，みんな同じ場所がいいと思う。場所は同じでも，撮影してもらう私たち自身は，みんな違う，オンリーワンの存在なのだから。でも，違う場所がいいという人の意見もわかる気がする。自分にとって大切な場所ってすてきだとも思うから。

↓ 自分の意見を明確にし，かつ反論想定の考えも示している

担任に自分の意見を提案する

これは6年生ならではの話題設定ですが、5年生でも5年生なりに設定できる機会があると思います。大切なのは、同じ土俵、真剣になれる「実の生活場面」を取り上げた対話の話題設定です。自分と他者の意見の違いを比べながら聞き合えるようにするために、そろえるべきところをしっかりそろえていきましょう。

■主な関連教材
・5年「提案しよう，言葉とわたしたち」（光村図書）

事実と感想、意見とを区別して話せるようにする

区別するために整理する

提案する、提案文を書くという言語活動を設定する単元デザインがあります。表現活動として、相手意識や目的意識が明確であれば、子どもたちの「したい」という意欲はかなり高まることでしょう。5年「提案しよう、言葉とわたしたち」（光村図書）は、事実と感想、意見とを区別して、説得力のある提案をしようという単元です。

読者の先生方の学級の子どもたちの姿を想像してみてください。事実、感想、意見を明確に区別して話すことができるでしょうか。私自身は、事実という客観と、感想や意見という主観を子どもたちが区別するのは難しいと感じるので、次のように図示して、子どもたちに視覚的に区別させてきました。

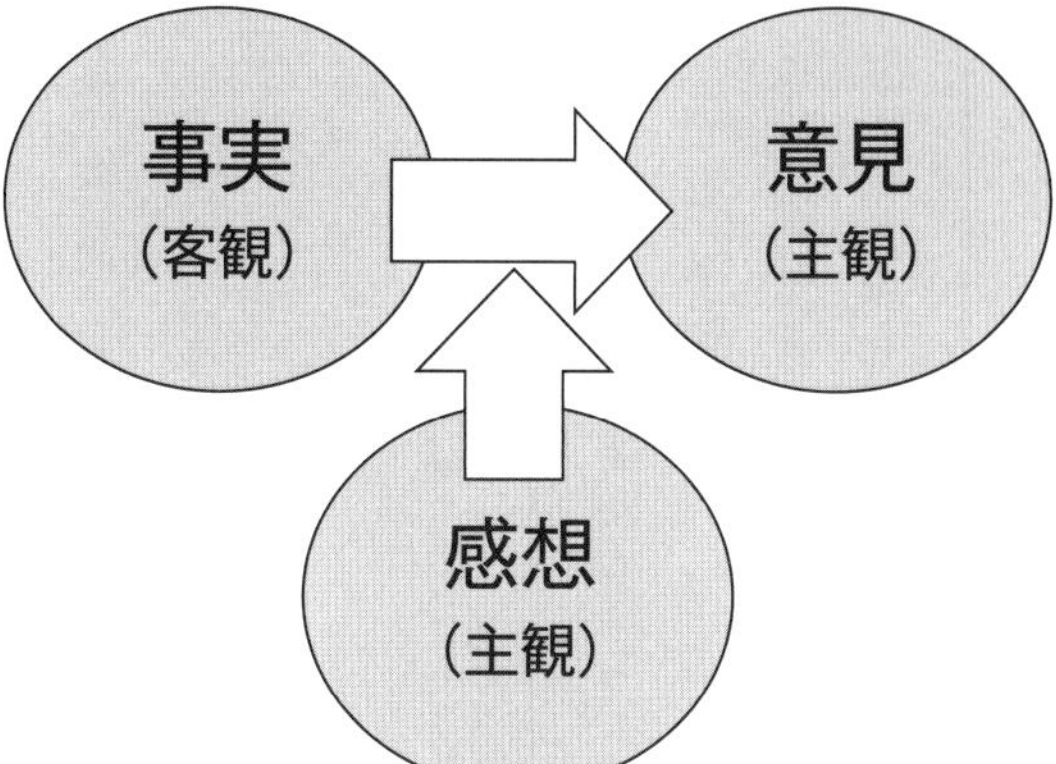

「読むこと」の指導で大切にしている「叙述を根拠にする」という視点と似ています。よくありがちなのは、事実という客観を、感想という主観と混同してしまうことではないでしょうか。そこで「事実に対する自分の考え」を感想として明確に指導し、図のように視覚的に示すことで、事実と感想の違いを区別することができます。

また、感想と意見を混同してしまうこともあるのではないでしょうか。そのような場合も、この図で視覚的に整理することで、「意見に説得力をもたせるための1つが感想」という意識を育てていくことが可能になります。

説得力は、相手の「わかりやすさ」と深く関わる

事実、感想、意見を区別できたとしても、そのうえで相手にしっかり伝えるとなるとハードルが上がります。「提案しよう、言葉とわたしたち」では、「説得力のある提案をする」ことをねらいとしています。つまり、聞き手を十分に意識する必要があるのです。聞き手が「なるほど」「わかる、わかる」と共感できることが説得力の前提になります。

教科書の指導書では、次のような課題例があげられています。

・敬語を使うべき場面で使っていないことがある。
・こそあど言葉が多いときに、意味を勘違いすることがある。
・流行の言葉を使って、意味が通じないことがある。
・感謝の言葉を使わないことがある。

ChatGPTなどの生成ＡＩが今春（２０２３年春）話題になりました。その有効性や利便性については割愛しますが、ＳＮＳや人工知能の急速な発展により、自分が追い求めた

言葉さえも、その意味が重視されず、何となくの解釈が進んでしまうような時代になってきています。そんな中で、「言葉と自分との関わりを見つめ直し、生活をよりよいものにしていこう」という壮大なテーマには多少の難しさが感じられるので、課題の設定の仕方に工夫が必要だと考えます。目の前の子どもの実態や、教師が把握できる（アドバイスを求められたら的確にアドバイスできる）範囲の話題に絞り、いずれ単元の終末で互いのスピーチを聞き合うであろう子どもたちの「わかりやすさ」を整えてあげたいものです。

説得とは、一方的な押しつけとは異なります。つまり、いくら事実、感想、意見の整理された文章になっており、それをスピーチする（話す）ことができたとしても、聞き手である相手が「わかる」状況にならなければ、説得力は生まれません。逆に、相手が「あなたの言っていることがわかるよ」という状況になれば、意見の違いはあれども、説得力は高まると言えます。

事実、感想、意見を区別して話すという言語能力は、一朝一夕にして身につくものではありません。国語の学習を中心に、子どもたちが本気になれる課題設定ができるタイミングで、効果的に指導していきたいものです。

■主な関連教材

・6年「海の命」(光村図書)

教師が話す機会を減らし、子どもがたくさん話す、聞く授業をつくる

だれもが話したくてたまらない。だれもが聞きたくてたまらない。教室にいるすべての仲間との対話を大切にして、互いの言葉を精一杯に受け取る授業。

筆者は、いつかこのような授業をしたいと願ってきました。

「だれもが話したくて」「だれもが聞きたくて」…とは、本書の編著者でもある二瓶弘行先生が、これまで幾度となく用いられてきた表現です。そういった授業を、筆者もまた、一教師として目指してきたのです。

次ページの写真は、そんな筆者の授業の、ある1時間の板書です。

第6章
話す・聞く①
【高学年】

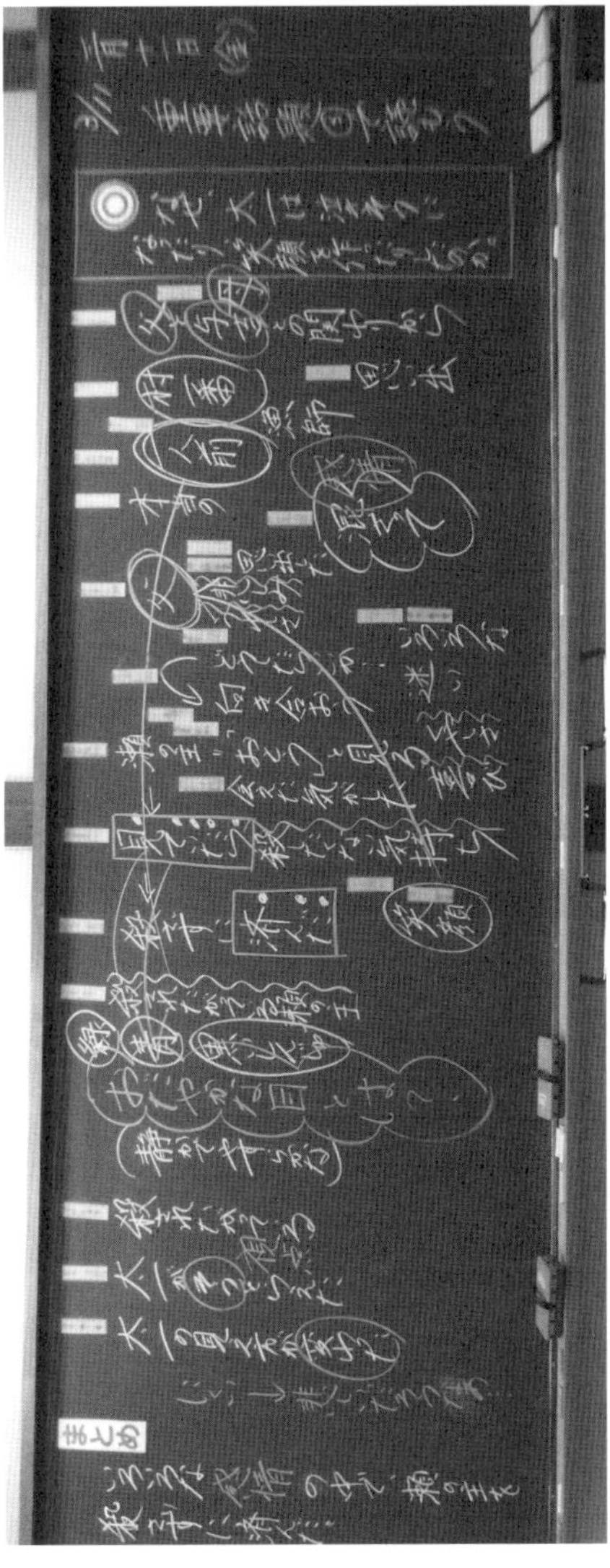

これまでの経験の中で、いかに教師が言葉を発しないで授業を展開することができるかを考えてきました。もちろん、まったく発しないというわけではありません。少なくとも、1時間の授業で次の5回は発しなければならない場面があると考えています。

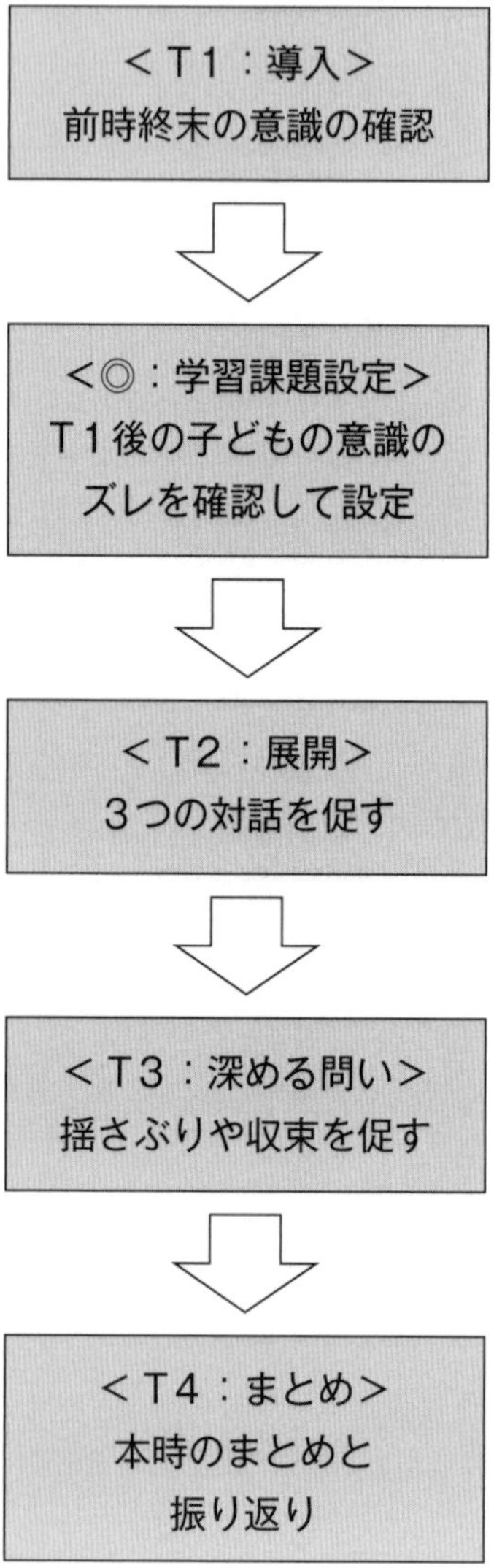
<T1：導入>
前時終末の意識の確認
<◎：学習課題設定>
T1後の子どもの意識のズレを確認して設定
<T2：展開>
3つの対話を促す
<T3：深める問い>
揺さぶりや収束を促す
<T4：まとめ>
本時のまとめと振り返り

こういった授業デザインで指導案を作成し、実際の授業を繰り返してきました。そして、心の中ではいつも、「どうやったら、教師が話す機会を少なくできるのだろうか」と、考えてきました（残念ながら、いつも筆者は多くの言葉を発してきたことが、授業記録から読み取ることができます）。

先に掲載した板書は、筆者が学級担任として行った最後の授業公開時のものです。これまでの授業に比べ、わずかながらにも、授業者の言葉は少なかったように感じています。つまり、その分、子どもが話す機会が多かったということであり、話すためにしっかり仲間の話を聞いていたと捉えています。

本書の趣旨は「話すこと・聞くこと」の授業技術を紹介することですが、ここでは、子どもたちが話したり聞いたりしたくなるような問いの設定、そして子どもたちが話したり聞いたりしている間の授業者の役割を、授業技術として紹介します。

だれもが話し、聞く価値のある「問い」を設定する

6年「海の命」（光村図書ほか）の授業です。この物語を教材として扱ったことのある先生なら、この物語の必然の問いは、おそらく次のものになると思います。

> なぜ太一は、瀬の主を打たなかった（殺さなかった）のだろう。

この必然の問い（中心話題）に向かって、子どもたちは小学校6年間で獲得してきた読みの力を総動員して読み深めていきます。自力で読み深めることができる子どももいることでしょう。しかし、仲間との対話がその読みをより深めてくれます。

そこで、単元の二次（精査・解釈段階）で行う、読み深めるための問い（重要話題）の設定を、単元冒頭で行います。筆者は高学年であれば通常3〜4つ程度設定します。先に掲載した板書でいうと、「なぜ、太一は泣きそうになったり、笑顔を作ったりしたのか」です。こういった問いの設定が、子どもたちの「話したい」「聞きたい」の基幹になります。

子どもの「話したい」「聞きたい」を支える教師の板書

「できるだけ教師が話さない授業」、つまり、子どもたちがたくさん話し、聞く授業を行うには、教師が子どもの思考を視覚的につなぐ役割を担うことが重要です。

学級に40人の子どもがいれば、話すことが本当に苦手という子どもがいることも事実です。授業場面で話すことだけがすべてではないので、話すことを強要はしません。しかし、そんな子どもがいたとしても、授業者としての教師は、だれ一人として見捨てないことが大切です。すべての子どもに学びを保障するのです。学級のだれかが、みんなで決めた問い（重要話題）に対して、自分の考えを話すとします。39人の子どもと同じように、授業者である教師も、その子の話すことに全力で耳を傾けます。

そしてもう１つ、大切にしたいことがあります。それは、板書です。子どもの話のポイントを、できるだけ短い言葉で、できるだけ素早くまとめます。子どもたちが話し手と板書をつないで、自分の考えを整理したり、深めたりできるようにするのです。

先に掲載した板書でも、そのことを大切にしていますが、後半の板書に、次のような言葉が記されています。

「おだやかな目とは？」

これは、子どもたちが瀬の主・クエの目の色の変化を追った結果で、筆者が「深める問い」として発した言葉です。いくら話したくてたまらない、聞きたくてたまらない子どもたちが目の前にいたとしても、１時間（45分）の授業を、それだけで「子どもたちがよく学んだ」と解釈してはならないと思っています。だからこそ、授業者として精一杯教材研究して、「深める問い」を用意します。先掲の授業デザインの〈Ｔ３〉で、これを子どもたちに問いかけます。ここからもう一段階、問いに対する読みを深めるために話したり、聞いたりする、そんな子どもたちの学びが生まれます。

子どもたちは、1時間の授業のほとんどの時間で聞いています。そして、3つの対話を繰り返しています。「仲間との対話」、仲間の話に耳を傾け、時に自分の話をします。「物語との対話」、国語の読みの授業ですから、必ず再読を促します。一度きりの読みでは気づくことができなかった言葉、言葉と言葉のつながりが読めてきます。そして、「自分との対話」、子どもたちは、自問自答を繰り返すのです。その結果として、再び子どもたちがもった「話したい」「聞きたい」という学びへの熱を、教師が支えていきたいものです。

第7章　話す・聞く②【高学年】

インタビューなどをして必要な情報を集めたり、
それらを発表したりする活動

主体性を生むテーマを設定する

言語活動としての「プレゼンテーション」とは何か

本章では一般的に「プレゼンテーション」と呼ばれる発表型の言語活動について述べていきます。前章でも「意見」や「提案」というよく似た発表型の学習が紹介されていますが、その違いについて、子どもにどう説明しているでしょうか。例えば、東京書籍の教科書の区分に則ると、前章は「話す（感性）」、本章は「話す（情報活用）」となります。つまり、感性に従って自分の意見や提案を伝える活動と、論理に従って自分が調べた情報を伝える活動とに分ければよいわけです。

しかし、ちょっと待ってください。根拠を基に意見や提案をしようとすれば、様々な情報を集めることが必要になります。また、論理的に情報を伝えるには、送り手である自らの立場を明らかにすることが必須です。ですから、大切なのは、型による区別ではなく、何を学ばせるかという目的だと言えるでしょう。

自分には世界がこんな風に見えていて、さらにこんな風になったらステキだな、と思ってるんですけど、あなたはどうですか？
（三宅隆太（２０１７）『スクリプトドクターのプレゼンテーション術』スモール出版）

この言葉が示している、発表者の構えというか、心の在り様こそが、プレゼンテーションの本質です。「世界がこんな風に見えていて」を支える情報の収集。「こんな風になったらステキだな」を伝える資料の提示や話し方の工夫。「あなたはどうですか」に込められたホスピタリティ。プレゼンテーション型の言語活動を通して、これらの構えを子どもに意識させていきましょう。すてきな学びになりそうな予感がしませんか？

ちなみに「意見」「提案」型の学びを、似た言葉で表すと「自分は世界についてこう思う（だから君もそう思ってほしい）」となります。違いは明確ですね。

やる気をくすぐる3つの視点で共通テーマを設定する

プレゼンテーション型の言語活動の着地点が見えてきたところで、いよいよ授業を進めていきます。まずは学級全体で共有する大きなテーマを設定しましょう。教科書では「自分たちの学校生活をよりよくするための工夫を考え、資料を使ってプレゼンテーションで提案しよう」などと例示されることが多いです。ただ、このようにわかりやすくて正しいテーマを板書したときの子どもの顔を思い浮かべてください。やる気の「や」の字も見えないはずです。だからこそ、次の3つの視点でカスタマイズしていきましょう。

①「あの人を助ける」視点

「自分が楽しい学校にしよう」と「みんなが楽しい学校にしよう」。どちらが子どものやる気をくすぐるでしょうか。「自分のために」という問いは瞬間的な力しか生みません。「みんなのために」と意識を変えることで、単元を貫き続ける大きな原動力が生み出されます。さらに、不特定多数の「みんな」を具体的な顔のある「あの人」に変えることで、子どもの「何とかしたい」「助けたい」という思いは、いやが上にも高まるのです。

②「今、ここから始める」視点

「地球温暖化防止について、世界各国がしてきたことは何か」と「地球温暖化防止に向けて、○○小学校で今できることは何か」。どちらに子どもは魅力を感じるでしょうか。子どもに当事者意識をもたせるには、「今、ここ」という自分を取り巻く文脈や状況をスタート地点にしたテーマにすることが大切です。食品ロスやSDGsといった、分母の大きな話題を扱う場合が多いプレゼンテーションでは特に気をつけましょう。

③「ちょっと背伸びした」視点

「友だちに伝えよう」「おうちの人に伝えよう」「市長さんに伝えよう」。子どもが一番楽なのは、もちろん「友だちに」ですが、そうすると、とたんに子どもはダレます。ほんのちょっと負荷を与え、挑戦したくなるようなテーマにしましょう。

以上3つの視点を生かして、共通テーマをこのように設定しました。

「もうすぐ卒業するわたしから校長先生へプレゼンテーション
――○○君や○○さんの学校生活をもっと楽しくするアイデアがあります！」

図1

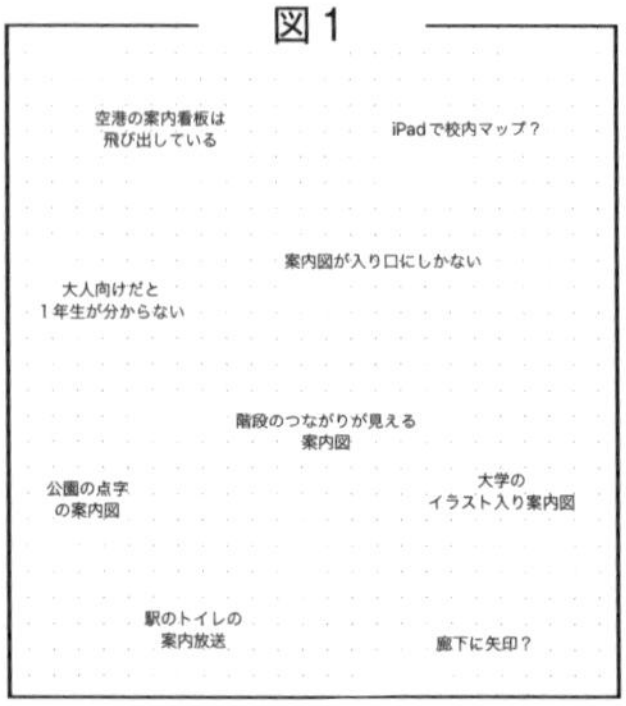
空港の案内看板は
飛び出している
iPadで校内マップ？
案内図が入り口にしかない
大人向けだと
１年生が分からない
階段のつながりが見える
案内図
公園の点字
の案内図
大学の
イラスト入り案内図
駅のトイレの
案内放送
廊下に矢印？

図2

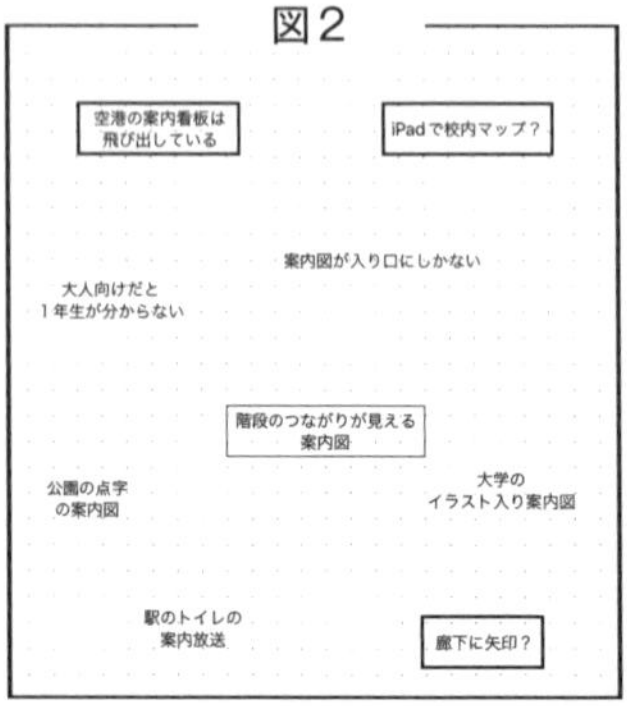
空港の案内看板は
飛び出している
iPadで校内マップ？
案内図が入り口にしかない
大人向けだと
１年生が分からない
階段のつながりが見える
案内図
公園の点字
の案内図
大学の
イラスト入り案内図
駅のトイレの
案内放送
廊下に矢印？

自分と対話しながら個人テーマを設定する

共通テーマが提示されたら、次は個人テーマを設定します。もちろん主体的な問いが生まれるよう働きかけるのですが、それでも「すぐに終わらせられる楽なもの」「だれかと似ているわかりやすいもの」を選ぼうとする子どもは多いはずです。そこで、先述の三宅隆太氏の本から言葉を借り、個人テーマを考えるうえでの心構えをもたせます。

信じていないことについては語らない。愛していないものについては取り上げない。とにかくウソをつかないこと。フリをしないこと。

これを聞けば、8割の子どもには自分の心と向き合ってテーマを探そうとする「覚悟」が生まれるはずです。

覚悟が生まれ、いざ自分の心と向き合ってテーマを探そ

図3

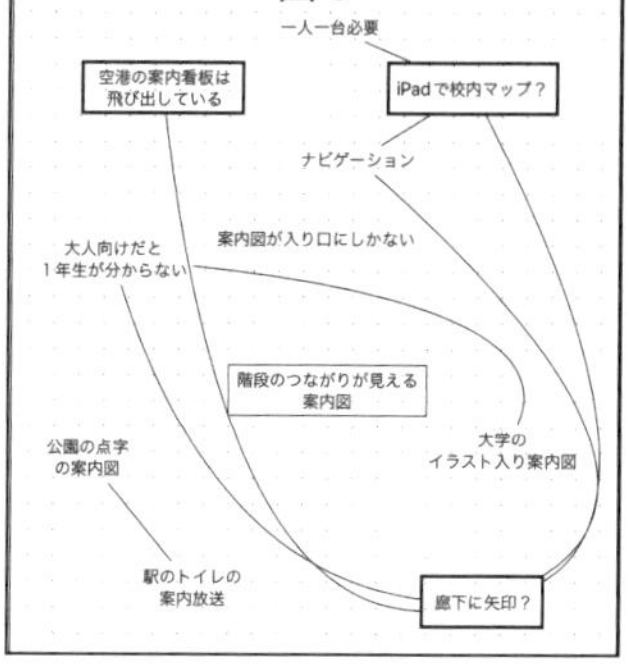

図4

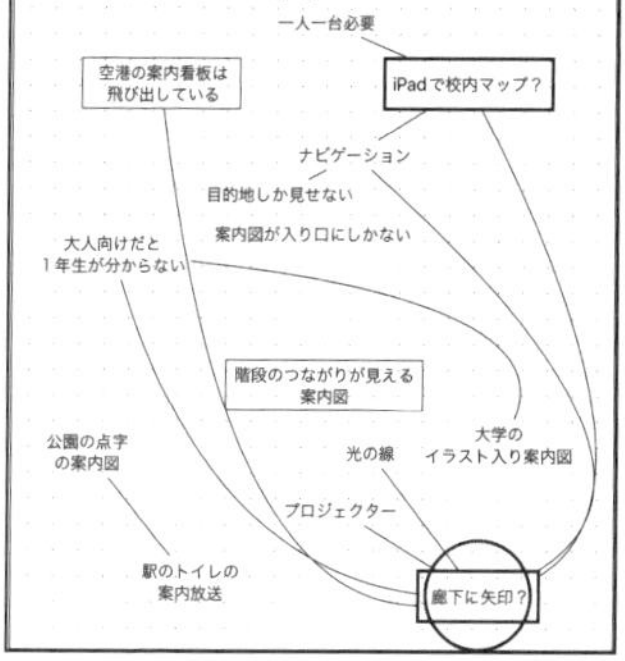

うとしても、何もないところからはアイデアは生まれません。マインドマップやＫＪ法など数ある手法の中から、ここでは簡易的な「カルテ・クセジュ」を紹介します。

①書き出し（図１） 共通課題について自分が思いつくものを順不同で書き出す。

②重みづけ（図２） 書き出した中で知っているものを□で囲む。その中で気になるもの、調べたものはさらに囲む。

③関係づけ（図３） 関係がありそうな項目を線で結ぶ。

④テーマ決定（図４） もっと調べたいものを○で囲む。その中で最も知りたいものをテーマにする。

知っているつもりだったことが本当は知らなかったという驚きが、もっと知りたいという欲求につながる点で、子どもの主体性を生み出す手法と言えます。詳しく知りたい方は『独学大全』（読書猿、ダイヤモンド社）をどうぞ。

目的に応じて情報を収集する力を身につけさせる

情報のリテラシーを意識させる

個人テーマが決まれば、次は素材となる情報を収集する活動へと移ります。

近年、収集方法としては、書籍よりも圧倒的にインターネットが多く使われます。これは、情報を発信する金銭的・時間的コストの低下が、情報を得るコストの低下につながり、小学生でも簡単にインターネットで調べるという行為をしやすくなったためです。

しかし、当然のことながらよいことばかりではありません。情報を収集するコストが低下した分、選別するコストがかかるようになったのです。有象無象あふれるインターネットの海から、精度の高い情報を得るために、子どもには基本となる次のことを指導しておかねばなりません。

①引用する際には出典を明らかにすること
②情報を鵜呑みにせず、自分なりに精度を判断すること

①にはもちろん、子どもに著作権を守る意識をもたせたいという意図があります。また、情報源の信頼性が高ければ、自分の意見の説得力が増すことになります。いずれもアカデミック・ライティングにつながる考え方なので、事あるごとに指導しましょう。
②の態度を身につけ、情報の精度を高めることは、一朝一夕にできるようにはなりません。まずは、最低限3つのサイトで確かめること、教師や保護者、図書館司書といった大人の判断も参考にすることなどの方法を教えます。そして、子ども自身が「これはどの程度正しいのかな」と吟味しながら情報に当たる姿勢をもつよう声をかけましょう。

情報収集のコツ

2020年度から実施されている学習指導要領には「情報の扱い方」の事項が加わりま

した。私たち教師は、言葉の力としての情報収集を意識していかねばなりません。

> 我々はみな必ずしも天才ではないだろう。しかし、魔法学校でちゃんと魔法を習い、時に応じて詠唱すれば、そこそこの魔法が使えるはずなのだ。
>
> （小林昌樹（2022）『調べる技術　国会図書館秘伝のレファレンス・チップス』皓星社）

右の文では、調べるツールや技法を魔法と言い換えて説明しています。では、私たちは国語の授業でどのような魔法を身につけさせていけばよいのでしょうか。

①目的から逆算すること

「どう」調べるかの方法がいくら多様になっても、「何を」調べるかの目的が明確でなければ情報収集の効率は下がります。何について調べているのか常に意識させつつも、「何が知りたいのかを言語化する力」を身につけさせる指導をしていきましょう。

②整理しながら集めること

情報収集が進むにつれ、使えそうなウェブサイトのブックマークやリンクは増え、メモはたまり続けます。これを再度ソートし直す手間を省くためにも、調べながらフォルダに整理したり、タグづけしたりする習慣をつけさせましょう。

③専門家に聞くこと

よほどうまく使いこなさない限り、検索エンジンはこちらの求めているものにフィットした答えを提示してくれるわけではありません。質問に応じて、ふさわしい人物に適切な質問をする技能も併用しましょう。各地の図書館や研究団体が作成している「パスファインダー」も含めて、専門家の知恵を借りる方法を身につけることが大切です。

④検索ツールを使うこと

語彙数が少なく、読み解くのに苦労するサイトも多い小学生には「画像検索」や「動画検索」で調べさせた方が有効な場合があります。特に今回のような提示資料に使える素材を探すのであればなおさらです。

実践例に戻りますが、「低学年の児童や保護者の方が目的地に行けるよう、便利な案内方法を考える」という個人テーマに基づき、「路上看板」や「人感センサー」「プロジェクションサイン」といった解決策の情報を集めることができました。

段階を踏む情報のまとめ方・考察の仕方を身につけさせる

主張の骨子を整理する

「情報が集まったらやっと資料作成だ。スライドつくるの楽しみ！」と思っている子どもにこんなことを伝えるのは心苦しいでしょうが、ここでもう一度「何を伝えたいのか」明確にする活動を組み込みます。役立ちそうな情報がたっぷり集まった現段階で資料ができれば、そのまま発表まで行けてしまうのですが、次のような懸念もあるためです。

・自分のアイデアが正しいと思い込み、それしか見えなくなる。
・説得力のあるデータ一本で行けると思い、それしか見えなくなる。

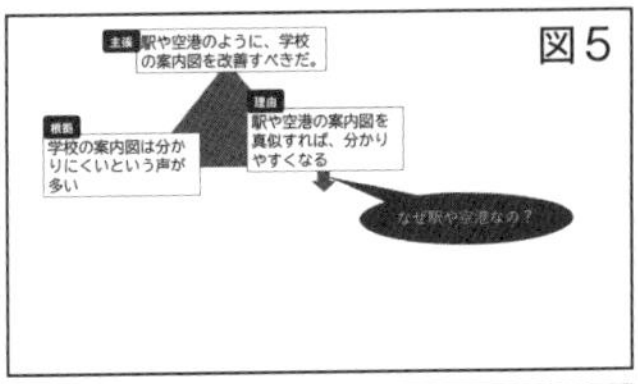

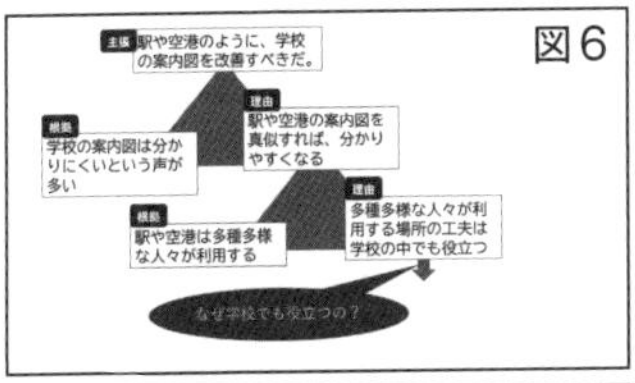

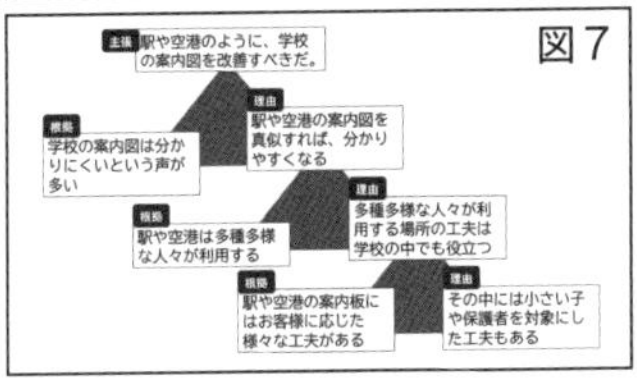

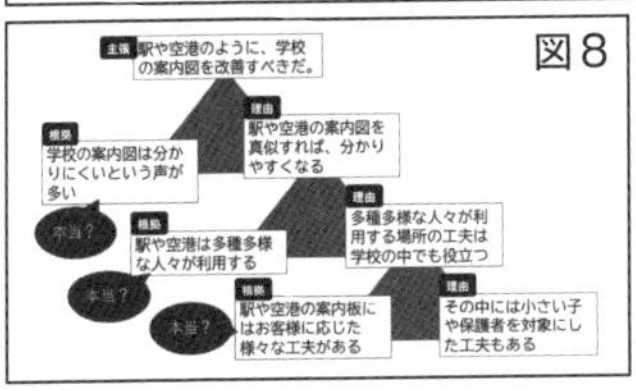

これを防ぐためにも、再度伝えたい核の部分を明確にしておく必要があります。ここでは「三角ロジック」を用いたブラッシュアップの仕方を紹介します。

まず、自分の伝えたいことを「主張」「根拠」「理由」の3つに分類してまとめます。

「主張」とは自分の一番伝えたい意見のことです。

「根拠」とは主張を支える一般的なデータのことです。

「理由」とは主張と根拠をつなぐ考え方のことです。

例えば「日本料理は世界一おいしい（主張）」「（なぜなら）わたしは日本人であり（根拠）」「人は母国の料理が一番おいしいと思うものだから（理由）」のように整理することで、伝えたいこと、支えるもの、裏にある思いなどが整理できるのです。もちろん「母国の料理が一番おいしいのは本当？」というツッコミには、また根拠と理由をつけ足さなければならないのですが。

前ページの図5のように、三要素を三角形にまとめた後、さらに根拠や理由を深めることで、伝えるべきことが明確になり（図6、7）、必要となるデータも見えてきます（図8）。ここまで形にする過程を経たことで、もやもやしていた伝えたいことが輪郭をもち、自信をもって語れるようになるでしょう。

今回は小学生にもわかりやすい分類法として三角ロジックを用いましたが、論理の厳密な妥当性を求めるときには注意が必要になります。もう少し詳しく知りたい方は『ナンバ先生のやさしくわかる論理の授業』（難波博孝、明治図書）がおすすめです。

収集した情報を吟味する

自分の伝えたいことが明確になったら、前の活動で収集した情報を分類してふるいにかけていきましょう。子どもには次の2つの視点を示します。

A　より適切な情報はどれか。

B　より伝わりやすい情報はどれか。

図9

	実現は難しい	実現できる
低学年・保護者向け	・デジタルサイネージ ・タッチパネル液晶付き案内板 ・プロジェクションサイン	・単純化された2色の案内板 ・アイコン（ピクトグラム）を使用する ・飛び出し型の看板
その他の人向け	・音声の案内が聞こえる ・案内板に点字をつける ・廊下に光る矢印 ・人感センサーで矢印を出す	・案内板の文字を英語にする ・QRコードで案内板の写真を送る

Aの「適切な情報」とは「マッチ」と「フィット」で表現することができます。

①伝えたい内容にマッチしているか（例：学校生活をよりよくする工夫を提案するのに、ショッピングサイトの便利グッズ資料はそぐわない）

②伝えたい対象にフィットしているか（例：小学生相手に細かい数字の入った複合グラフはフィットしない）

Bの「より伝わりやすい情報」とは、話し言葉である意見発表を補う資料になっているかという視点です。今回の提案は「低学年や保護者の役に立つ」かつ「実際に行うことが可能」であることが条件です。その条件に合った資料を選ぶ際に便利なのが「四分割表」（図9）です。右上の白抜き部分が、条件に合致する情報と言えます。この四分割表は、条件整理に役立つ強力なツールですが、作成が難しいため教師の支援が必要です。

目的を絞った発表資料をつくる力を身につけさせる

発表の構成をわかりやすくする「絵コンテ」

伝えたいことが明確になり、それに合致する資料が集まったら、いよいよ発表の構成と資料づくりに入ります。他者に伝わりやすい表現の構成は領域を問いません。ですから、説明的な文章の読解や意見文の記述で学んだ「はじめ・なか・おわり（序論・本論・結論）」という基本の段落構成や、「頭括型・尾括型・双括型」という基本文型が参考になります。今回は6年生ですから、意見を主張したり提案したりする際に有効な「双括型の三段落構成」がおすすめです。しかし、プレゼンテーションとは、原稿用紙に書いた文章をそのまま読むことではありません。進行スケジュールに沿って、資料を提示しながら、聞き手に合った話し方をする「アドリブ」の表現です（詳しくは次項で説明します）。です

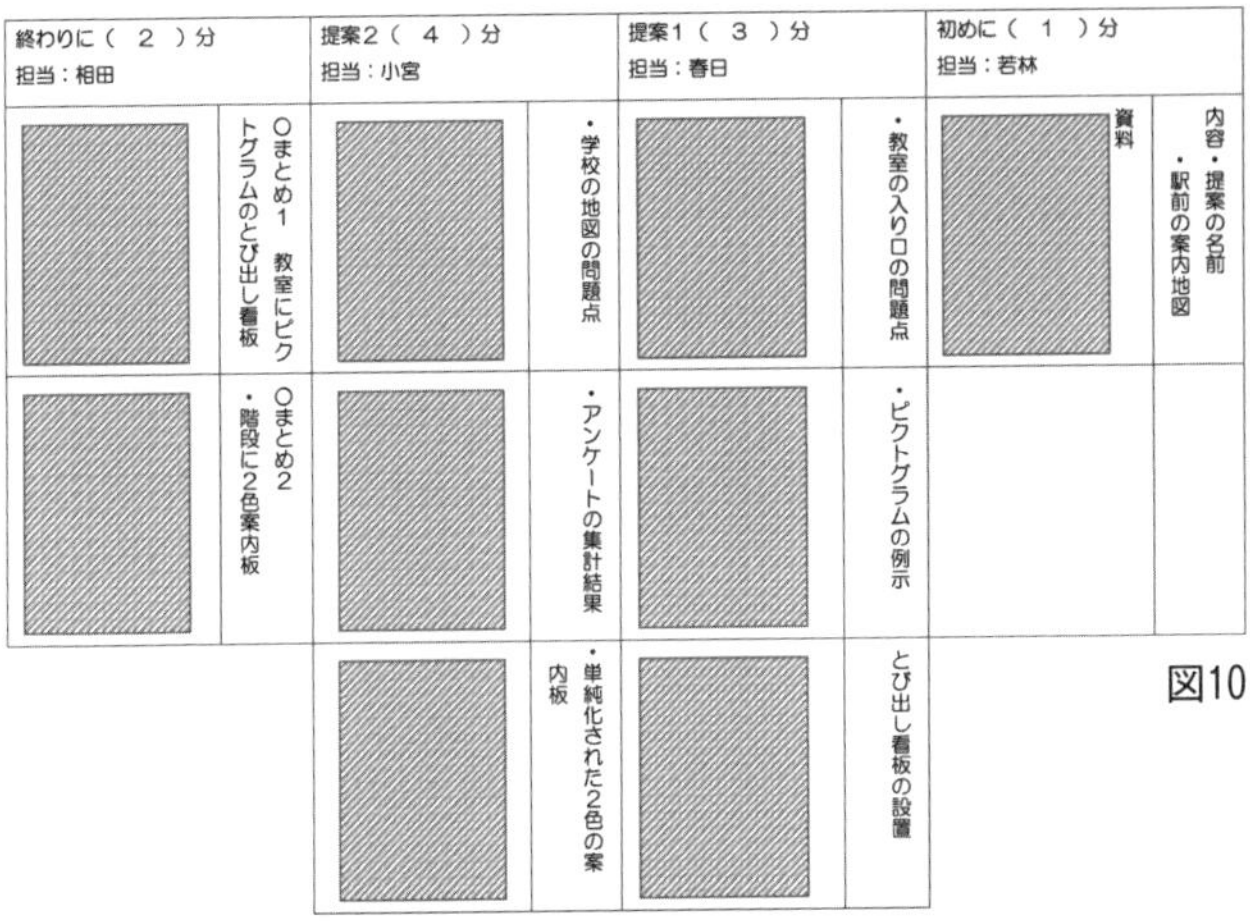
初めに（ 1 ）分
担当：若林
内容・提案の名前
・駅前の案内地図
資料
提案1（ 3 ）分
担当：春日
・教室の入り口の問題点
・ピクトグラムの例示
とび出し看板の設置
提案2（ 4 ）分
担当：小宮
・学校の地図の問題点
・アンケートの集計結果
・単純化された2色の案内板
終わりに（ 2 ）分
担当：相田
○まとめ1　教室にピクトグラムのとび出し看板
○まとめ2
・階段に2色案内板
図10

から、構成をまとめる形式もそれに合ったものにしなければなりません。

　プレゼンテーション用の構成メモは、映画やアニメで使われる「絵コンテ」を参考にするとよいでしょう（図10）。まずは「初めに」「提案（1、2）」「終わりに」と三段落構成を用いて大まかなまとまりを把握します。そのうえで各パートで何を伝えるのか、内容を記入する右の枠と、どのような資料（スライド）を用いるのかを示す左の枠に分けます。あとは順序を工夫しながら各枠を埋めていきます。グループ発表にするのであれば、分担を決めたり、おおよその時間配分を記入したりすることで具体化します。

基本は「フラッシュプレゼンテーション」

発表スライドを作成する場合はおそらく「パワーポイント」のようなプレゼンテーションソフトや、「ロイロノート」などの授業支援ソフトを使うことになるでしょう。これらのソフトは、小学生でも簡単に見栄えのよいスライドをつくれる反面、画像を詰め込み過ぎたり、話せばよいことまで書いたり、派手なアニメーションや虹色の文字を使ったりと、「やり過ぎる」ことでかえって見づらくなる懸念があります。ここは、シンプルな「フラッシュプレゼンテーション」の考え方を伝えることで、スピーチを邪魔せず、補助するスライドのあり方を学ばせましょう。

図11

「フラッシュプレゼンテーション」とは1フレーズのテキストと1枚の画像のみでスライドを作成する方法です（図11）。場合によっては、1スライドに1フレーズの言葉を見せるだけです。シンプルなだけに、意図をもった指導が必要になります。

①何を伝えたいのかがわかる資料

1スライドにつき1枚の写真や1枚のイラストしか載せられないとなれば、子どもは必然的に「何を見せなければならないか」を考えるでしょう。しかも、選んだ資料の中で最も大事な一部分を際立たせるために、トリミングをしたりズームしたりと、工夫を始めるはずです。さらに○で囲んだり矢印を加えたりしながら強調するでしょう。使える資料を1つに絞ることで、見せたいものは何かをとことん考える姿勢が生まれるのです。

②何を言いたいのかがわかるフレーズ

スライドに長々と文章を打ち込んで、それを読みながら発表する子どもがいます。しかし、聞き手にもスライドが見えているので、読む必然性はあまりありません。そこで、いきいきとした言葉で提案や説得をするプレゼンテーションのよさを伝え、画面上に示すのは短い一文だけにするよう指導しましょう。短い一文で伝えようとすると、言葉の選択や語順が大切になります。それは、聞き手の側に立って言葉を吟味する姿につながるはずです。

互いが仲良くなる発表を仕組む

プレゼンテーションをする際の基本的な心構え

スライド資料が完成したら、発表の練習を進めていきます。これまで何度も述べたように、あらかじめ書かれたものを読むだけではプレゼンテーションの機能を生かした発表にはなりません。かといって、発表メモを見ながら何度も練習して、暗記したことを誦じることとも異なります。子どもに説明する際は次の言葉がわかりやすいでしょう。

「何を話すか」はそのままに、「どう話すか」の部分を切り替えていく

（三宅隆太（2017）『スクリプトドクターのプレゼンテーション術』スモール出版）

一方的に言いたいことを言うのではなく、聞き手の反応を見ながら間を変えたり、言葉の言い方を変えたりしながらその場に応じて発表をつくっていく。そんな子どもを育てたいものです。もちろん、一朝一夕に育つ力ではありませんから、まずは聞き手に意識を向けながら話すことから始めましょう。そして、様々な相手や状況において話す経験を重ねる中で対応力が育ちますので、練習の際は隣のクラスの友だちに、保護者の方にと、場と聞き手を変えながら繰り返すことが効果的です。

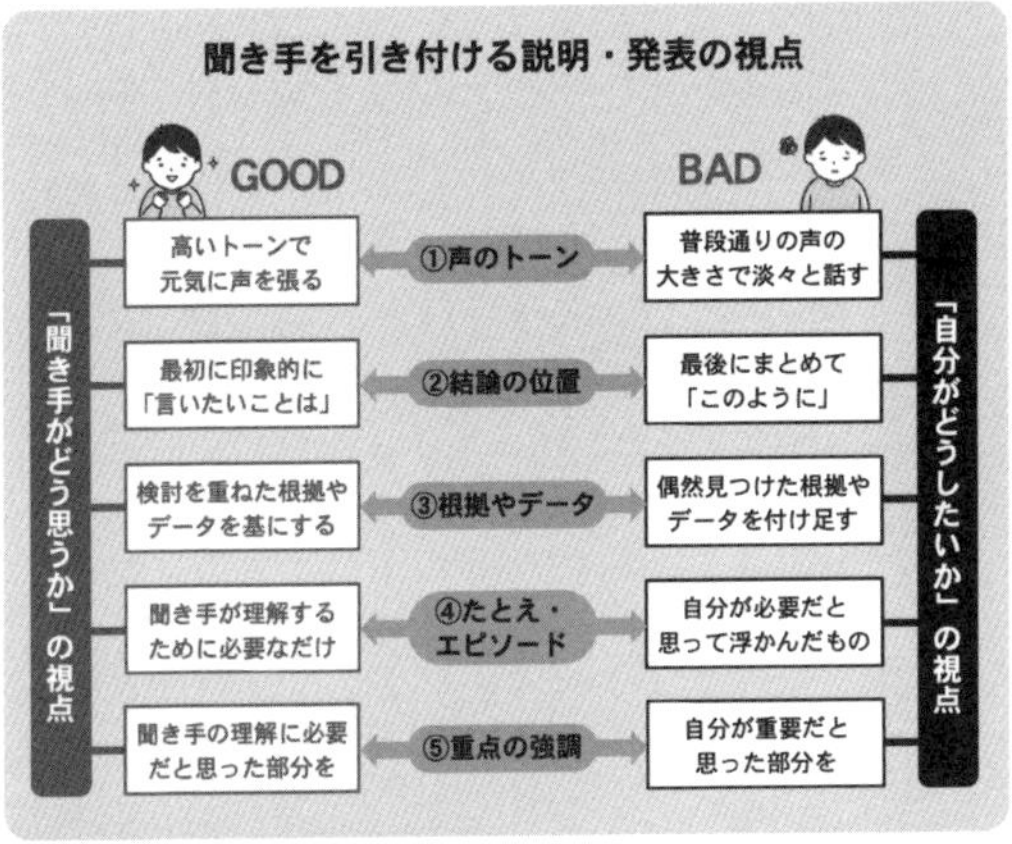
聞き手を引き付ける説明・発表の視点
GOOD
BAD
「聞き手がどう思うか」の視点
「自分がどうしたいか」の視点
高いトーンで元気に声を張る
①声のトーン
普段通りの声の大きさで淡々と話す
最初に印象的に「言いたいことは」
②結論の位置
最後にまとめて「このように」
検討を重ねた根拠やデータを基にする
③根拠やデータ
偶然見つけた根拠やデータを付け足す
聞き手が理解するために必要なだけ
④たとえ・エピソード
自分が必要だと思って浮かんだもの
聞き手の理解に必要だと思った部分を
⑤重点の強調
自分が重要だと思った部分を
宍戸寛昌（2023）『図解　国語の授業デザイン
深い学びの基礎をつくる51の教養』明治図書　より

聞き手を引きつける話し方の工夫

聞き手に意識を向けさせたいときは、その対となる「自分がどうしたいか」から始めるとイメージしやすくなります。上は意識を変えることで話し方がどう変わるかを示した図です。

例えば、「④たとえ・エピソード」などは、アドリブ性が求められる最たるものです。これを「自分がどうしたいか」の視点で話そうとすると、難しい説明をした後や、提案の間などに「具体的に言うと…」のように話し手側の文脈で入れることになります。しかし、「聞き手がどう思うか」の視点で考えるのであれば、よく理解できないという顔や反応が生まれた際に「もう少しわかりやすく言うと…」「このクラスに例えると…」のような、場に応じた話を考えることになります。理路整然と説明するプレゼンテーションよりも、その時々に応じた話し手聞き手のやりとりを通したプレゼンテーションの方がよほど心に残り、内容も伝わるのは、このような立ち位置の違いによるものです。

プレゼンテーションに限らず、人前で話す活動には、衆目にさらされる重圧が常に伴います。その重圧が声を小さくし、目線を下げ、表情を平坦にしていきます。実際の指導場面では、そのような姿を「バッドモデル」として教師が見せることで、「もっと高いトーンの声を出さないと聞こえないんだ」「長々としゃべってからまとめを言うより、最初にまとめを言ってからの方が伝わりやすいな」という実感が生まれます。図であげた5つの視点はあくまで例に過ぎません。それぞれの教室で生まれた「グッドモデル」を記録し、共有していきましょう。

聞き手への指導

発表会を始める前に、聞き方の指導をしておきましょう。「静かに聞きましょう」「拍手をしましょう」「発表後は質問や意見をしましょう」などと細かい視点をあげればキリがありません。それらはすべて「発表者に敬意をもって聞きましょう」という聞く構えでまとめられます。発表後に、話し手の子どもに「一生懸命聞いてくれていたのはだれだった？」と聞いてみたり、聞き手の様子を動画に撮っておいて後から見てみたり、教師が聞き方のすてきな子どもを称賛したりと、様々な方法で、発表者への敬意を態度で示すとはどういうことなのかを確かめていくことが大切です。

	ア　話し方	イ　プレゼンテーション資料の効果	ウ　資料の見せ方	エ　発表の時間
Aグループ	・言葉の意味が伝わるように、ゆっくり丁寧に話していたところが良かった。	・学校と駅の案内図を比べて見せていたので、自分たちもまねしたいと思った。	・棒グラフの見てほしい部分を指で示して、上下に動かしたのが効果的だった。	・四分三十秒 ・次の人との交代がスムーズだったので、無駄な時間がなかった。

図12

また、発表の内容を理解するだけでなく、発表の方法のよさを捉えることも、大切な聞く目的の1つです。図12のようなシートを用いてよかったところを記録させることで、ＡＢＣで評価し合うだけの聞き方を、認め合う方向へ向かわせることができます。次の項目の中から、単元のねらいに応じていくつか選び、具体化したものを子どもに示しましょう。

①題材・話題について…興味深さ・独自性・目的性
②意見・論述内容………論理の明確性・説得力・共感度
③資料活用の充実度……データ及び引用や出典の明示・資料活用の巧みさ
④スピーチの技術………声量・滑舌・簡明・表現力
⑤全体……………………まとまり・感銘・思考・伝達
(全国大学国語教育学会編(2019)『新たな時代の学びを創る　中学校高等学校国語科教育研究』東洋館出版社)

以上、プレゼンテーション型の発表を行う授業について、段階ごとに解説しました。これらの力は、中学・高校・大学と続く様々な授業だけでなく、社会人になってからも生きるものです。その礎となる活動を意識しながら指導していきましょう。

第8章　話し合う【高学年】

それぞれの立場から考えを伝えるなどして話し合う活動

■主な関連教材
・6年「『うれしさ』って何？—哲学対話をしよう」（教育出版）

言語活動のイメージやねらいを整理し、スライドを交えながら伝える

言語活動のイメージ、ねらい、条件を伝える

「話すこと・聞くこと」の単元では、ワールドカフェ、パネルディスカッション、哲学対話など、子どもにとって（教師にとっても）聞き慣れない言語活動を設定することが少なくありません。こうした言語活動は、イメージをつかめないまま学習計画を立てることはできませんし、ねらいや条件を示さずに行うと、「活動あって学びなし」という状況にもなりかねません。

そこで、単元に入る前に、教師からPowerPointのスライドも交えながら、わかりやすく説明します。

哲学対話を例に見てみましょう。

まずは、次のような話をします。

「哲学対話とは、『そもそも自分らしさって何？』とか『死んだらどうなるの？』など、『○○とは、そもそもどういうことか』を話し合って、自分なりの考えを深める対話のことです。（言語活動のイメージ）

参加者一人ひとりが、自分なりの考えを深め合う対話なので、考えを１つにまとめる必要はありません。（ねらい）

ただし、対話なので『なぜ、…だと思ったの？』とか『…ってどんな感じがした？』などと、聞き手は質問をして、話し手の考えをより深く引き出してみましょう。（条件）」

この例のように、イメージ、ねらい、条件にきちんと分けて整理しておくことがポイントです。

哲学対話の進め方

1　哲学対話のテーマを選ぶ。
＊「子どものための哲学」の番組タイトルから選ぶといいでしょう。

2　テーマについての自分自身の体験や考えをノートに書く。

3　ノートは見ないで、質問を交えながら対話をする。

4　対話の後、ノートに考えたことを付け加える。

言語活動の方法を伝えるときは、手順をスライドに整理しておくとわかりやすくなります。上のスライドのように箇条書きなどで示すと理解が早いです。

上のスライドからは、まずテーマを選ぶこと（1）、次に自分の体験や考えをノートに書くこと（2）、質問を交えながら対話をすること（3）、対話の後には考えをつけ加えること（4）が示されています。

このような具体的な行動の順を追って説明することで、子どもの不安や混乱を防ぐことができます。「3　ノートを見ないで、質問を交えながら対話をする」については、「発表会をするわけではないので、書いたことを覚えていなくてもよく、人と話し合いながら考えることが大事です」と伝えることで、高学年児童が特に気にする「人前でミスをする」ことの不安を解消できます。「むしろ、リラックスしながら対話を楽しみつつ、考えを深め

対話のコツとルール

- 話すことよりも、考えることが目的！ゆっくりと話す。
- 言っていることが分からなければ、質問をして理解に努める。
- 聞いているだけもＯＫ、沈黙もＯＫ。ただし、考えることは諦めない。
- 話している人の話を最後まで聞く！みんなが安心して話せる場を作りましょう。
- ほかの人を傷つける発言でなければ、どんなことでも自由に話してＯＫ。
- 意見よりも、質問することが大事。そこで使うのが「Ｑワード」。

Ｑワード：「なんで？」「たとえば？」「反対は？」「ほかの考えは？」など

参考：対話のやり方｜Q｜NHK for School

ることが大事だ」と伝えるとよいでしょう。

さらに、哲学対話を円滑に進めるために捕足したいのが、聞き手の態度や関わり方の条件です。対話は発表会とは異なります。ただグループで話すだけでは対話とは言いません。対話には必ず、聞き手の質問や感想が挟まれるものです。哲学対話では、特に質問が大事になるので、強調して伝えましょう。他の教科やグループ活動をする際にも、話し手に対する質問が自然にできると、集団として学びの質がどんどん高まっていきます。

質問とは「なんで?」「例えば?」「反対の意見は?」「他の考えは?」などの言葉で始まります。これらを、本章では「Qワード」と呼びます。

■主な関連教材
・6年「『うれしさ』って何？―哲学対話をしよう」（教育出版）

説明の後、言語活動の練習を行う

説明する＝理解できる、ではない

前項で、言語活動のイメージ、ねらい、条件などを説明することについて述べました。当然のことですが、まったくやったことがない言語活動を、一度説明されただけで全員が理解できるわけではありません。一度の説明だけで概ね理解できるのは、せいぜい30人中10人といったところでしょう。残りの20人程度は曖昧な理解であり、「質問をしようにも、どこがわからないかもわからない」といった状況でしょう。

そこでおすすめするのが、言語活動の練習です。実際に想定している時間配分よりも短い設定で、簡易な体験の場を用意するのです。

前項に続き、哲学対話の場合を例にします。

練習

大人になる、とはどういうことだろう。

上の画像のように教室のテレビ等に哲学対話のテーマを提示して、次のように話します。

「では、早速、哲学対話の練習をしてみましょう。こちらのテーマについて、自分で考えたことをノートに書いてみてください。

箇条書きでもいいですし、図をかいてみてもいいです。書きやすい方法で自分の考えを表現してください。時間は３分取ります。３分後に、４人組をつくって、書いたことを順番に話してみましょう」

対話の練習をやってみる

練習なので、十分に書けなくて当然です。多くの子どもが書き途中です。しかし、自分だけが書けなかったのではなく、どの子も書けなかったのであれば、子どもが委縮することはありません。「お互い様」の状況で、戸惑いながら始まります。

ポイントは、「だれから話せばいいかな…」という雰囲気が出る前に、即座に次のような指示を出すことです。

「では、ノートをしまって、４人組で机を合わせましょう。４人のうち、学習番号１番の人から話しましょう。何も書けなかった子は『何も書けなかったんだけどね…』から話し始めて、頭の中で考えていたことを思いつくままに話してみてください。聞く側の人たちが質問をして助けてあげましょう」

だれから話し始めるのかが決まっていると、迷いなく話し始めます。グループに学習番号がある場合は右の指示をします（学習番号がない場合、他の方法も後述します）。

沈黙している班には教師が介入する

各所で対話が始まります。子どもたちは、思いのほか、このような哲学的な問いについて考えることを好むものです。むしろ、教師の方が「こんな問いを話し合うことができるのかな…」と不安になる傾向があります。

しかし、停滞する班も出てくるものです。グループの中で人間関係が十分にできていない、対話する経験値が浅い、はずかしがってしまう…など、様々な理由が考えられますが、教師はそうした班に介入し、すぐに状況を確認してみましょう。話が終わってしまった後、どうしたらよいのかを聞き手側が理解できていない場合が多いので、すぐに、Qワードのことを投げかけてみます。

「○○さんの話を聞いて、Qワードは使いましたか?『例えば…?』『なんで…?』と質問してみましょう」

こうして、子ども同士のやりとりが少しずつ生まれます。

なお、こうしたグループは、今後も支援が必要な可能性があるので、意図的に机間指導をするグループと認識するようにしましょう。

■主な関連教材

・6年「『うれしさ』って何？―哲学対話をしよう」（教育出版）

命題をグループごとに選択する過程で、目的意識を明確化させる

命題をグループごとに選択する

筆者の実践では、哲学対話の命題（話し合いのテーマ）を、NHK for School「Q～こどものための哲学」の各回タイトルから、グループごとに選択させます。

この番組は、哲学をテーマに制作された番組で、タイトルがそのまま命題として使えます。例えば、「なんで勉強しなきゃいけないの？」「カッコイイってたとえば？」「死んだらどうなるの？」などがあります。これらは、10分の番組として視聴できるので、哲学対話を行う前に自分の考えをもつ際の参考として用いることもできるでしょう。

命題をグループごとに設定させるのは、選択肢の中から意思決定することで、子どもの主体性を引き出すことができるからです。

命題の設定にあたり、まずは次のような話をします。

「哲学対話では、『命題』といって、話し合いのテーマを設定する必要があります。『大人になるとはどういうことだろう』のように、『これって、そもそもどういうことだろう』と考え直したくなるものがふさわしいです」

それから、次の2点を確認します。

① 「Q～こどものための哲学」の配信リスト※の中から命題とするタイトルを2つ選ぶ（単元の時数によって数は変更）。
② グループの代表1名が、選んだ命題を Teams に投稿する。

※ https://www.nhk.or.jp/school/sougou/q/

投稿された命題を見ながら、グループで話し合ってみたいことを相談して決めます。番組化されているだけあって、どの命題もじっくりと考えてみたくなるものばかりなので、なかなか決まらないグループも見られます。次のように指示し、最低でも5分は時間を確保しましょう。

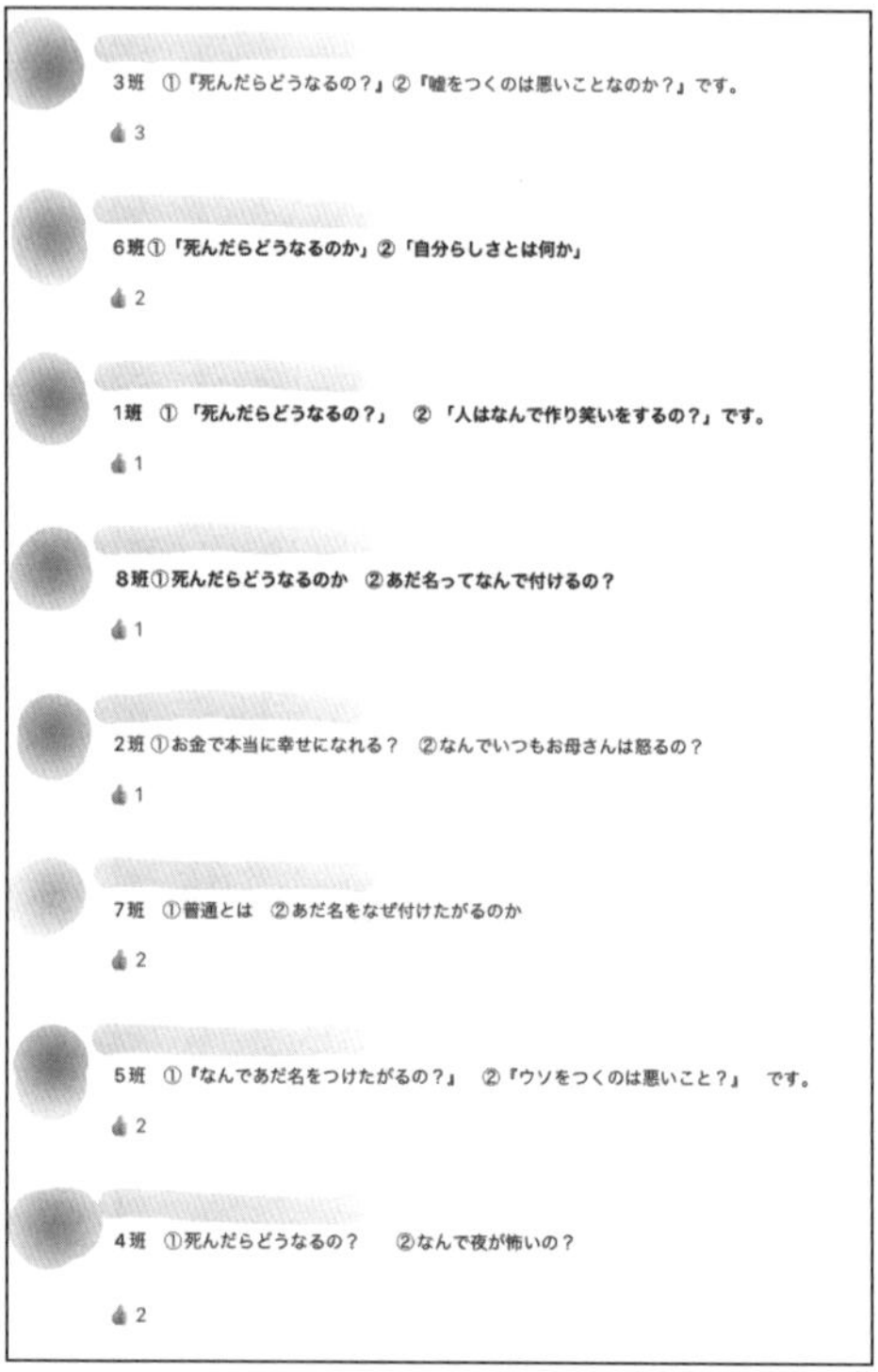
3班　①『死んだらどうなるの？』②『嘘をつくのは悪いことなのか？』です。
3
6班①「死んだらどうなるのか」②「自分らしさとは何か」
2
1班　①「死んだらどうなるの？」　②「人はなんで作り笑いをするの？」です。
1
8班①死んだらどうなるのか　②あだ名ってなんで付けるの？
1
2班 ①お金で本当に幸せになれる？　②なんでいつもお母さんは怒るの？
1
7班　①普通とは　②あだ名をなぜ付けたがるのか
2
5班　①『なんであだ名をつけたがるの？』　②『ウソをつくのは悪いこと？』　です。
2
4班　①死んだらどうなるの？　②なんで夜が怖いの？
2

「グループのみんなが興味をもつ命題はどれなのか、よく確かめながら２つ設定しましょう」

子どもたちには「どうしてこれが気になったの？」「例えば？」とＱワードを使いながら相談させます。これが哲学対話の際にも生かすことができる視点になります。

選んだ命題の番組を視聴させる

Teams に投稿し、単元の見通しがもてたら、番組を視聴して哲学対話に備えます。１

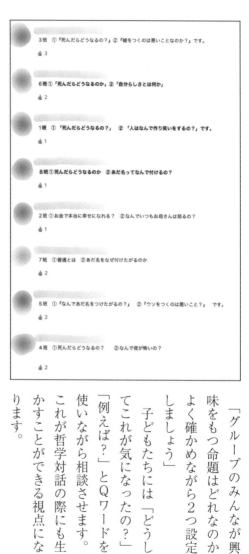

人1台の端末とイヤホンがあれば、学級全員が様々な番組を視聴しても、聞き難くはなりません。

「これって、そもそもどういうことだろう」という問いを立てたくなる内容になっているので、番組を視聴することによって、個々が自分なりの考えをもち始めることができます。メモを取りながら視聴する子どもがいたらすかさずほめ、学級全体に広めましょう。

このように、哲学対話には事前の準備が必要です。一部の、声が大きい子どもだけが考えを述べて終わるのでは、ただの発表会です。「対話の前には、自分の考えをもつことが必要だ」ということをしっかりと押さえましょう。

なお、次時に哲学対話を行う際にも、個人で考える時間（自己内対話の時間）を5～10分程度は確保しましょう。

■主な関連教材

・6年「『うれしさ』って何？―哲学対話をしよう」（教育出版）

自己内対話→哲学対話→自己内対話のサイクルで、思考の深まりを実感させる

はじめとおわりに自己内対話の時間を確保する

自己内対話を行い、自分の考えをもってから対話を行います。また、対話を行った後は再度自己内対話の場をもち、思考の深まりを言語化します。哲学対話に限らず、対話的な学びを行う際の基本は、自己内対話に始まり自己内対話に終わるのが一連のサイクルです。2回目の自己内対話で言語化できるということは、思考の深まりがあったことの証明です。ここまで書くと、対話的な学びは、自己の学びを深めるための手段なのだということが明らかになることでしょう。自己内対話の時間は、はじめとおわりの2回に分けて確保しましょう。

では、自己内対話の具体例を見てみましょう。

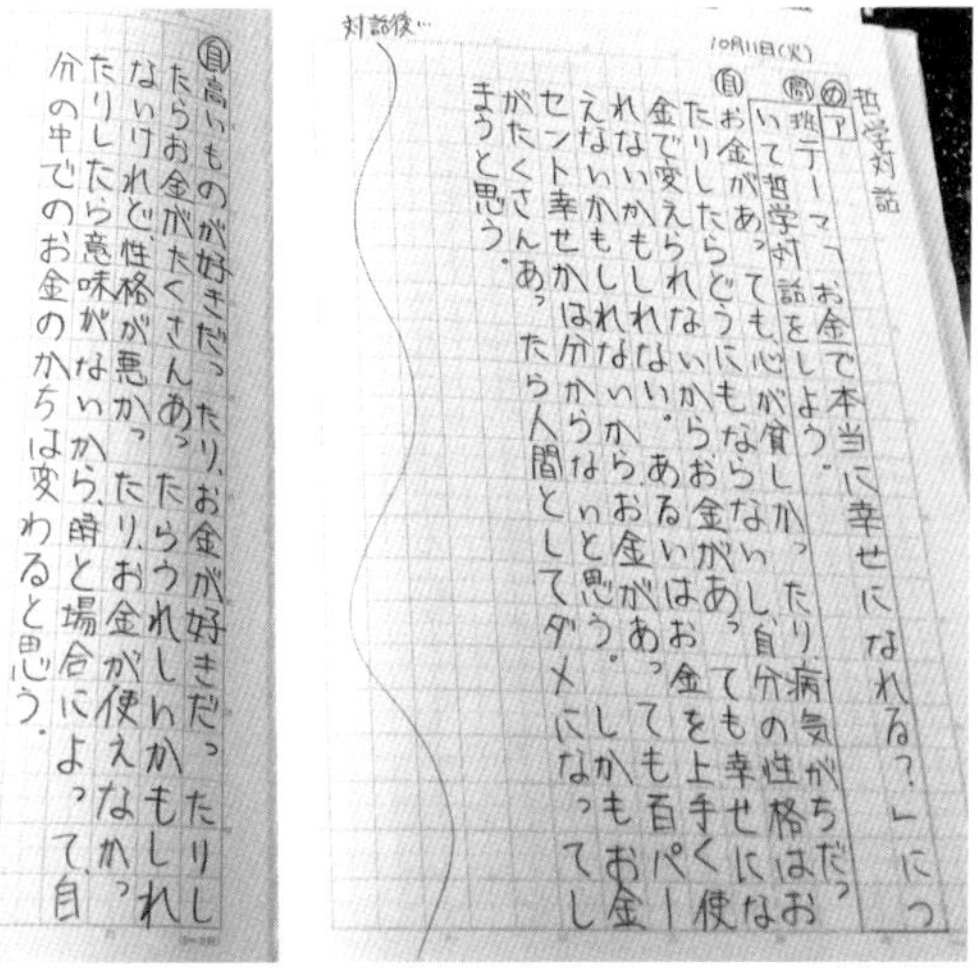

まず、次のような話をします。

「グループで設定した命題について、自分が考えたことを書きましょう。その際、例えばどんなときにそう思うのか、具体的な事例を日常の中から思い出して書けるといいです。1つ書ければ十分ですが、2つあげられると具体性が高まります。考えを書いたら、区切れ目のわかる線をノートに入れましょう」

上の写真のノートを書いた子どもは、区切れ目に波線をかきました。波線より右側が1回目の自己内対話の記述、左側が哲学対話の後の2回目の自己内対話の記述です。

命題「お金で本当に幸せになれる?」に対して、1回目の自己内対話で「お金があっても百パーセント幸せかは分からないと思う」と書いています。これに対して、哲学対話の後に行った2回目の自己内対話では「時と場によって自分の中でのお金のかちは変わると思う」と書いており、哲学対話を通して考えに広がりが生まれたことがわかります。

Qワードを積極的に用い、相手の考えを引き出す

いよいよ、哲学対話を行います。時間は10〜15分程度確保しましょう。開始する前に、以下の3点を確認します。

①哲学対話の際、ノートは机の中。相手の目を見て話す。
②Qワードを積極的に用い、相手の考えをさらに引き出す。
③グループの廊下側、黒板に近い人から考えを話す。

①については、ノートが出ていると、ノートを読み上げる子どもが出てきます。このような紋切り型の話し方は、対話にふさわしくありません。下手をすると、ノートを交換して、黙って読み始めてしまいます。これでは対話になりません。言い淀んだり、沈黙したりしながらも精一杯話すから、じっくり聞く耳がもてるのです。

②については、「なんで？」「例えば？」「どういうこと？」「もし…だったら？」「比べると？」「そもそも？」…などと問うことで、相手の考えを再度、聞き出すことができます。また、「他の考えは？」「反対は？」「本当に？」などと問うと、グループの他の子どもからの発言を促す効果もあります。意見交流と対話の違いは、相手に伝えて終わりか、伝えてからが始まりかの違いです。Qワードによるやりとりを介して、はじめて対話と言えます。哲学的な命題で対話を行うから「哲学対話」と呼ぶのです。

③はあくまでも例です。だれから考えを言い始めるのか、ということに時間を取られないよう、この指示を出します。さもないと、「だれから言う？」「え～、どうしよう…」「じゃあさ、ジャンケンで決めない？」「いいよ」「せーの、最初はグー…」となります。1分、下手をしたら2分以上むだにしてしまいます。だれからでもよいからこそ、教師が迷うことなく指示を出しましょう。

①～③は、哲学対話に限らず、他の様々な教科の学習でも押さえるべき、基礎的な対話のポイントです。日頃から対話的な学級を育てていくために意識するとよいでしょう。

個々のめあてに応じて、哲学対話の姿を価値づける

あらかじめ本時のめあてを設定する時点で「ア　自他の考えを比較しながら考えを深める。イ　相手の意見をよく聞き、2回目の自己内対話で、命題についての考えを深められるようにする。ウ　Qワードを積極的に使い、対話の深まりを目指す」など、複数提示したうえで子どもに選択させておきます。教師は、このア～ウを評価規準として子どもの姿を価値づけていきましょう。

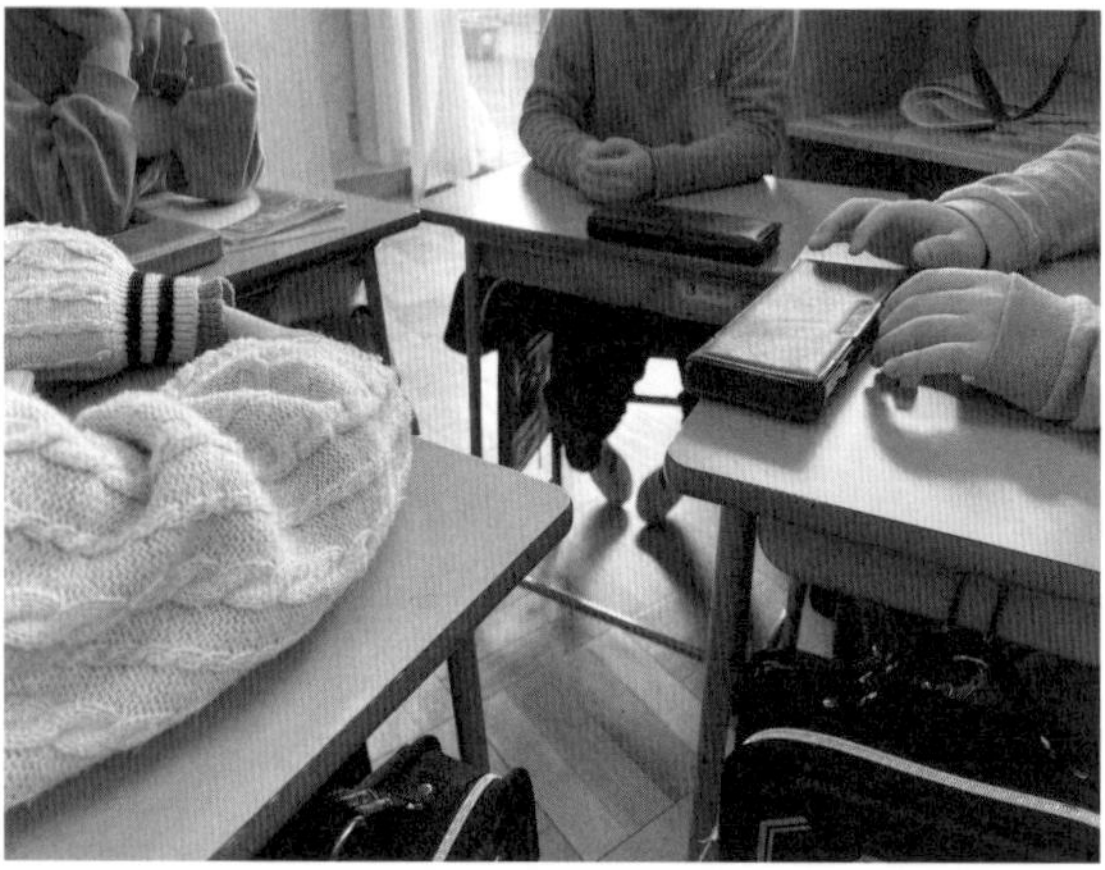

命題「普通って一体何だろう」

C1　普通って人の数の多さなんじゃないかな。

C2　例えば?

C1　いろんな物事があるけれど、変わった考えの

人がいても、そういう人だらけだったら、それが普通になることもあるんじゃないかな。

Ｃ２　お～、確かに！　すごいと思う。

Ｔ　今の対話、すてきでしたね。Ｑワード「例えば？」を使いこなして、Ｃ１さんの考えをさらに引き出しています。めあて「ウ」ができていますよ。

このように、哲学対話の際、教師は各グループを周回し、子どもの選択しためあてに準じた価値づけを行います。取り組もうとしているめあてについて教師から認められることほど子どもにとってうれしいことはありません。教室の一人ひとりの学習のよさ、具体的な姿を即座に価値づけることができると、学習が活性化します。学級全体に対して、次のように伝えましょう。

Ｔ　今、Ｃ１さんとＣ２さんがとてもいい哲学対話をしていました。Ｃ２さんがＣ１さんの考えに対してＱワード「例えば？」を使って、さらに考えを引き出したのです。

■主な関連教材

・6年「『うれしさ』って何？―哲学対話をしよう」（教育出版）

対話型ＡＩとの哲学対話を通じて考えを広げさせる

哲学対話を行うめあてを改めて意識させる

１人１台端末を生かして、友だちとの哲学対話だけではなく、対話型ＡＩとの哲学対話を行う方法※があります。筆者の実践で使用したのは、ChatGPT で、OpenAI 社が開発した対話型ＡＩ（人工知能チャットボット）です。質問したことに対して、具体的な回答を１つ～複数、提示することができます。今後、人工知能の技術はますます高まり、子どもたちにとって身近な存在になることが予想されるため、危険性なども理解したうえで、つき合っていく必要があります。

その点を踏まえ、授業でまず必要なのは、目的意識の明確化です。授業の冒頭で、次のような話をします。

「みなさんは、これまでの哲学対話を通じて、次のようなめあてを選択しました。

ア　自他の考えを比較しながら考えを深める。
イ　相手の意見をよく聞き、２回目の自己内対話で、命題についての考えを深められるようにする。
ウ　Ｑワードを積極的に使い、対話の深まりを目指す。

哲学対話の相手が人工知能に変わることで、それぞれのめあてがさらに達成できるかもしれません。さあ、ア〜ウの中から、めあてを選びましょう」

こうして、人工知能との対話自体が目的なのではなく、資質・能力を育むことが目的であることを押さえます。

教師は生成された回答の要点を伝える

自己内対話の後、命題「なんで勉強しなきゃいけないの?」をChatGPTに質問します。その際、「小学6年生にもわかるように」という一文を添えると、ChatGPTは平易な語を選択しながら回答してくれます。

筆者の実践で、ChatGPTは1～4の理由をあげて勉強をしなければいけない理由を即座に提示しました。しかし、これをそのまま即座に子どもが読解するのは難しいので、教師が要点を話して聞かせます。

「1　未来のために、自分がやりたいことを実現するための基礎が築ける。
2　社会に貢献するために、勉強をすることが必要。
3　自分自身を成長させることで、自信をつけることができる。
4　夢を実現するために、知識を身につけることが必要。
だそうです。
いかがですか?」

C1　何か、そういうデータはあるんですか？
T　聞いてみますね。（教師が質問を入力）
「…はい、そのようなデータはあります。文部科学省の『Society5・0に向けた人材育成』によれば、21世紀に必要とされる人材には、次のような特徴があげられています。…」
C2　じゃあ、もし人間が勉強をやめたら、世界はどう変わっていくでしょうか。
T　聞いてみます。（教師が質問を入力）
「…もし、人間が勉強をやめた場合、社会や経済、科学技術などのあらゆる分野で深刻な問題が生じる可能性があります」
C3　これからは、どのような勉強が必要になりますか？
T　聞いてみます。（教師が質問を入力）

「…基礎学力の習得、コミュニケーション能力の向上、情報リテラシーの習得、趣味や興味に基づく学習などです。…」

ChatGPTとの哲学対話の後、自己内対話を行う

哲学対話の後、自己内対話を行います。上記の子どもは、人工知能のもつ知識の広さに驚きつつ、「ＡＩにはできないような思考力や感情を使う職業に就くために勉強するのだと思う」と考えをまとめています。

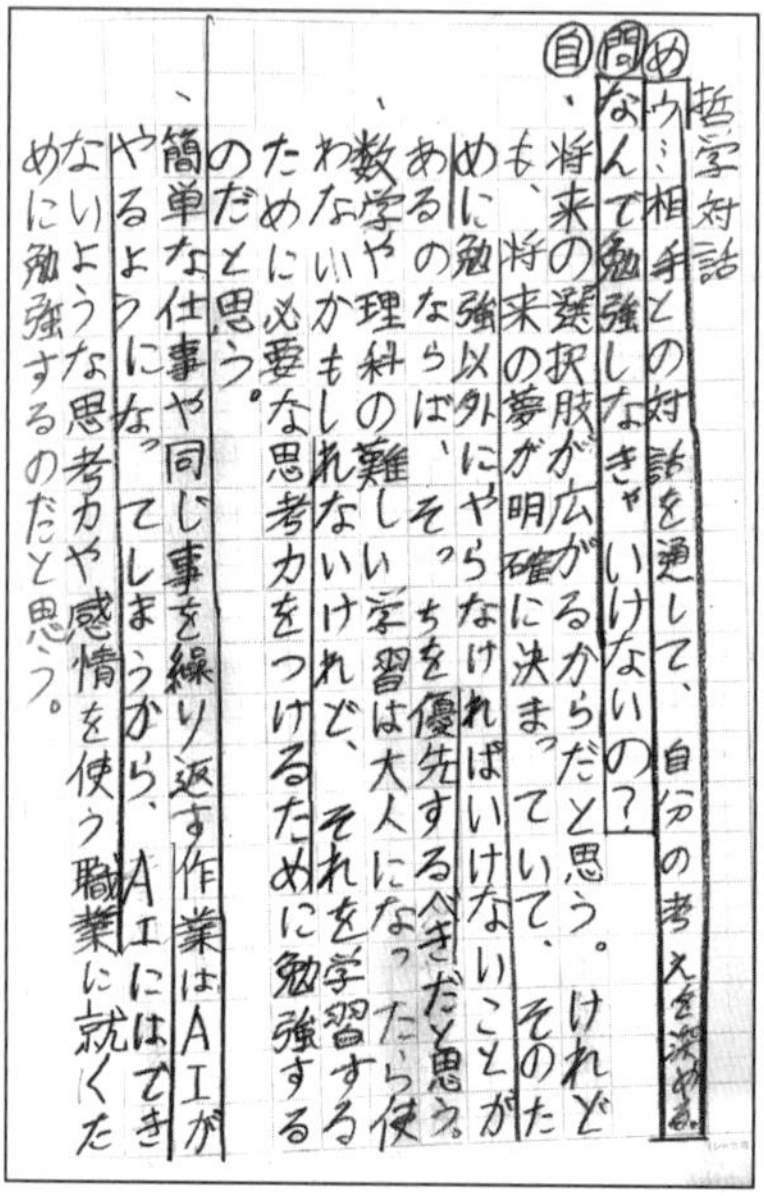
哲学対話
めウ：相手との対話を通して、自分の考えを深める。

問 なんで勉強しなきゃいけないの？

自、将来の選択肢が広がるからだと思う。けれども、将来の夢が明確に決まっていて、そのために勉強以外にやらなければいけないことがあるのならば、そっちを優先するべきだと思う。

、数学や理科の難しい学習は大人になったら使わないかもしれないけれど、それを学習するために必要な思考力をつけるために勉強するのだと思う。

、簡単な仕事や同じ事を繰り返す作業はAIがやるようになってしまうから、AIにはできないような思考力や感情を使う職業に就くために勉強するのだと思う。

第８章
話し合う
【高学年】

※２０２３年7月、文部科学省はChatGPTなどの生成ＡＩの小中学校や高等学校での取り扱いについて、全国の教育委員会などにガイドラインを通知しました。本事例は、文部科学省がこの通知を行う前に、教師の適切な指導のもとで実践した授業です。

【編著者紹介】

二瓶　弘行（にへい　ひろゆき）

桃山学院教育大学教授，前筑波大学附属小学校教諭

【著者紹介】

国語“夢”塾（こくご“ゆめ”じゅく）

二瓶　弘行	（桃山学院教育大学）	序　章
大江　雅之	（青森県八戸市立中居林小学校）	第１章
比江嶋　哲	（宮崎県都城市立西小学校）	第２章
河合　啓志	（大阪府小学校）	第３章
小林　康宏	（和歌山信愛大学）	第４章
広山　隆行	（島根県松江市立大庭小学校）	第５章
嵐　　直人	（新潟県村上市立さんぽく小学校）	第６章
宍戸　寛昌	（立命館中学校・高等学校）	第７章
藤原　隆博	（江戸川学園取手小学校）	第８章

小学校国語　「話すこと・聞くこと」の授業技術大全

2023年９月初版第１刷刊　©編著者　二　瓶　弘　行

発行者　藤　原　光　政

発行所　明治図書出版株式会社

http://www.meijitosho.co.jp

（企画）矢口郁雄（校正）大内奈々子

〒114-0023　東京都北区滝野川7-46-1

振替00160-5-151318　電話03(5907)6701

ご注文窓口　電話03(5907)6668

＊検印省略　　組版所　株式会社木元省美堂

Printed in Japan　　ISBN978-4-18-388721-4